高等职业教育经典系列教材·财务会计类

出纳业务核算

主　编　华　洁　屠晓佳
副主编　张贯虹　钱　媛　罗焕之
　　　　张逸帆　朱　威

北京理工大学出版社
BEIJING INSTITUTE OF TECHNOLOGY PRESS

内 容 简 介

《出纳业务核算》是基于出纳工作过程开发的,旨在成为会计专业及会计电算化专业的核心教材。本书通过对出纳工作岗位能力和典型工作任务进行深入分析,结合职业教育的特点,系统地介绍了出纳业务核算的基本知识和操作技能。本书共分为三个项目,每个项目均围绕出纳岗位的典型工作任务展开。

本书在编写过程中,注重理论与实践的结合,通过图表、现场模拟和仿真的原始凭证展示经济业务内容,使学生在读懂、识别原始凭证的过程中熟悉企事业单位的实际经济业务。同时,通过填制相关单据、编制会计凭证、登记账簿等一系列实际工作流程,提高学生的综合职业能力,使学生尽快适应出纳工作岗位。

版权专有　侵权必究

图书在版编目（CIP）数据

出纳业务核算 / 华洁,屠晓佳主编. -- 北京：北京理工大学出版社, 2025.1.
ISBN 978-7-5763-4783-8

Ⅰ. F231.7

中国国家版本馆 CIP 数据核字第 2025UH6723 号

责任编辑：杜　枝　　　文案编辑：杜　枝
责任校对：刘亚男　　　责任印制：施胜娟

出版发行 / 北京理工大学出版社有限责任公司
社　　址 / 北京市丰台区四合庄路 6 号
邮　　编 / 100070
电　　话 / (010) 68914026（教材售后服务热线）
　　　　　(010) 63726648（课件资源服务热线）
网　　址 / http://www.bitpress.com.cn

版 印 次 / 2025 年 1 月第 1 版第 1 次印刷
印　　刷 / 三河市天利华印刷装订有限公司
开　　本 / 787 mm × 1092 mm　1/16
印　　张 / 13
字　　数 / 280 千字
定　　价 / 45.00 元

图书出现印装质量问题，请拨打售后服务热线，负责调换

前　言

随着市场经济的不断发展和企业管理的日益规范，出纳工作作为企业财务管理的重要组成部分，其重要性日益凸显。出纳业务核算作为出纳工作的核心内容，直接关系到企业资金安全与高效运作。因此，培养具备扎实出纳业务核算能力的高素质人才，对于企业的可持续发展具有重要意义。

《出纳业务核算》正是在这样的背景下应运而生。本书以习近平新时代中国特色社会主义思想为指导，贯彻落实党的二十大精神，旨在通过系统、全面地介绍出纳业务核算的基本知识和操作技能，帮助学生掌握出纳工作的核心技能，提升职业素养，为未来的职业生涯奠定坚实基础。

在编写过程中，我们力求突出以下特点：一是以工作任务为引领，将出纳岗位的各项工作任务进行分类，划分模块，采用工作任务引领、典型业务案例导入的方式，让学生在学习过程中获得出纳岗位的工作体验；二是以职业能力为目标，围绕出纳岗位的职业能力组织课程内容，让理论业务知识服务于完成每个工作任务的需要；三是以典型业务为主线，通过仿真的原始凭证展示经济业务内容，让学生在实际操作中熟悉企事业单位的实际经济业务，提高综合职业能力。

我们相信，这是一本内容丰富、结构清晰、实用性强的出纳业务核算教材，能切实为学校培养高素质出纳人才贡献一份力量。

目　　录

项目1　银行账户管理 ·· 1

　　任务1　银行账户的认知 ·· 3
　　任务2　银行账户的开立、变更 ··· 7
　　任务3　银行账户销户 ·· 14

项目2　日常资金收付管理 ··· 19

　　任务1　现金存取业务办理 ··· 23
　　任务2　现金收支业务办理 ··· 35
　　任务3　支票收支业务办理 ··· 47
　　任务4　银行本票收支业务办理 ·· 63
　　任务5　银行汇票收支业务办理 ·· 74
　　任务6　商业承兑汇票收支业务办理 ··· 84
　　任务7　银行承兑汇票收支业务办理 ··· 97
　　任务8　其他结算收支方式业务办理 ··· 112
　　任务9　网上银行收款业务办理 ·· 120
　　任务10　网上银行支付职工薪酬业务办理 ···································· 130
　　任务11　网上银行报销差旅费业务办理 ······································· 141

项目3　资金日报表的编制 ··· 159

　　任务1　库存现金日记账登记 ··· 163
　　任务2　库存现金清查 ··· 171
　　任务3　银行存款日记账登记 ··· 178
　　任务4　编制资金日报表 ·· 190

参考文献 ·· 202

项目 1
银行账户管理

阅读材料

 项 目 描 述

随着金融科技的快速发展，银行账户作为个人和企业金融活动的基础，其重要性和普及度日益提高。然而，许多人对银行账户的理解仍然停留在表面，缺乏对其内在运作机制、功能以及风险管理的深入了解。本项目将详细介绍日常银行账户管理的内容，帮助学生熟悉银行账户管理的基本知识，能独立完成银行账户的开立、使用、变更和销户等流程操作，提高学生在金融领域的基本素养和操作能力。

企业背景资料

上海美嘉数字科技股份有限公司专注于推动制造企业产品数字化转型，在汽车、工程机械、电子高科、民用航空、服装零售、大健康等行业，为客户提供前沿的软件产品、解决方案和实施服务。该公司帮助一系列领先企业在产品研发、制造、服务、营销和运营流程等方面进行数字化变革。该公司自主知识产权iMe、方舟系列软件，获得众多高端客户认可和应用。

地址：上海市徐汇区桂平路418号漕河泾国际孵化中心B区5层

电话：021-54590759

法人：金志华

会计主管：张海燕

会计：罗雷

出纳：胡霞

任务1　银行账户的认知

任务描述

在企业的日常运营中，银行账户不仅是资金流转的枢纽，也是确保企业资金安全和提升运营效率的关键。因此，对于企业而言，拥有一个高效、安全的银行账户管理体系至关重要。作为财务人员要了解银行账户的基本知识，以便于后期开展银行账户的管理工作。出纳胡霞应熟悉以下工作内容：

（1）银行账户的定义。
（2）银行账户的种类及使用范围。

学习目标

（一）专业能力目标

1. 能说出银行账户的定义和种类。
2. 能根据任务要求，判断银行账户的类别及使用范围。

（二）职业素养目标

1. 能根据《中华人民共和国银行业监管管理法》的规定，自觉遵守国家及地方的金融法律法规，形成知法、懂法、守法的意识。
2. 能按实训室"6S"管理规范，落实完成实训室的清洁、清扫、整理、整顿，培养劳动意识。

（三）通用能力目标

1. 通过课前预习，培养良好的自主学习能力和理解与表达能力。
2. 通过小组合作，培养团队合作意识。

知识准备

（一）银行账户概述

1. 银行账户的定义

银行账户是指在银行开设的用于存储、转账、结算等业务的个人或企业账户。银行账户是客户与银行建立业务关系的基础，也是银行业务操作和管理的重要载体。

2. 银行账户的种类

根据《人民币银行结算账户管理办法》的规定，企业、事业、行政单位开立的存款账户包括以下几种类型：

（1）基本存款账户：凭当地中国人民银行核发的开户许可证，一个单位只能选择一家银行的一个营业机构开立一个基本存款账户，用以办理日常转账结算和现金收付。工资、奖金等现金的支取，只能通过这个账户办理。

（2）一般存款账户：在基本存款账户以外的银行取得借款的、与基本存款账户不在同一地点的附属非独立核算单位，经开户银行审核同意，可开立一般存款账户。这个账户可以办理转账结算和现金缴存，不能办理现金支取。

（3）临时存款账户：外地临时机构为临时经营活动的需要，经开户银行审核同意，可开立临时存款账户，这个账户可办理转账结算，并根据国家现金管理的规定办理现金收付。

（4）专用存款账户：有关基本建设、更新改造以及特定用途需要专户管理的资金，经开户银行审核同意，可开立专用存款账户。银行账户的种类如表 1-1-1 所示。

表 1-1-1 银行账户的种类

银行账户	用途	备注
基本存款账户	办理日常转账结算、现金收付业务	本账户是唯一的，也是开立其他银行结算账户的前提
一般存款账户	办理存款人借款转存、借款归还和其他结算的现金缴存业务	本账户可以开立多个，可以办理现金缴存，但不得办理现金支取
临时存款账户	设立临时机构、异地开展临时经营活动、注册验资时开立，可办理银行收付款、现金提取存入业务	本账户期限最长不超过两年
专用存款账户	办理社会保障基金、住房基金、收入汇缴基金、业务支出资金等专项款项收支业务	本账户能保证特定用途的资金专款专用

3. 银行账户的功能

（1）存储功能：银行账户用于存储客户的资金，为客户提供安全、便捷的存款服务。

（2）转账功能：客户可以通过银行账户将资金转给其他个人或企业。

（3）结算功能：银行通过账户为客户提供各种结算服务，如支票、汇款等。

（4）管理功能：银行为客户提供账户查询、对账、报告等服务，帮助客户管理资金。

（二）银行账户的使用规定

（1）合理使用账户：客户应按照开户目的合理使用银行账户，不得将账户用于未经授权的用途。

（2）资金安全：客户应妥善保管银行卡或存折，不要泄露密码和验证码，防范诈骗和盗刷风险。

（3）合法合规：银行账户只能用于合法用途，客户应避免利用账户进行非法教育或洗钱等活动。

（4）定期核对账户：客户应定期核对账户余额和交易记录，发现问题及时与银行联系。

任务实施

2024年9月10日，甲企业的财务人员持有关证件到A银行营业部办理基本存款账户的开立手续，A银行工作人员审查了其开户的证明文件，并留存了相关证件的复印件，为其办理了基本存款账户的开户手续。同日，该财务人员持以上证件和B银行的贷款合同到B银行开立了一个一般存款账户。9月11日，甲企业的财务人员到A银行办理支票的转账手续，A银行的工作人员当日办理。9月12日，A银行的工作人员携带甲企业的基本存款账户开户资料向当地人民银行报送，申请核准。10月3日，甲企业通过B银行的一般存款账户发放了职工工资40万元，并支取现金2万元。

根据有关法律规定，分别回答以下问题：

（1）A银行于9月11日为甲企业办理转账手续的做法是否符合规定？并说明理由。

（2）B银行于9月10日为甲企业开立一般存款账户的做法是否符合规定？并说明理由。

（3）甲企业通过B银行的一般存款账户发放职工工资、支取现金的做法是否符合规定？并说明理由。

任务实训

（一）单选题

1. 中国人民银行发布的《人民币银行结算账户管理办法》，建立了以（　　）为龙头的账户管理体系，进一步强化了（　　）对其他银行结算账户的统驭地位。

A. 基本存款账户　　　　　　　　B. 一般存款账户

C. 单位银行结算账户　　　　　　D. 人民币银行结算账户

2. 一般存款账户不得办理（　　）。

A. 现金缴存　　　　　　　　　　B. 现金支取

C. 资金收入转账　　　　　　　　D. 资金付出转账

3. 临时存款账户的有效期最长不得超过（　　）。存款人在账户的使用中需要延长期限的，应在有效期限内向开户银行提出申请，并由开户银行报中国人民银行当地分支行核准后办理展期。

A. 三个月　　　B. 六个月　　　C. 一年　　　D. 两年

4. （　　）负责监督、检查银行结算账户的开立和使用，对存款人、银行违反银行结算账户管理规定的行为予以处罚。

  A. 中国人民银行   B. 银监局
  C. 中国银行总行   D. 审计署

5. 在银行开立基本存款账户的企业法人可无须提供的证件是（　　）。

  A. 营业执照   B. 税务登记证
  C. 借款合同   D. 组织机构代码证

6. 存款人因办理日常转账结算和现金收付需要，可以开立（　　）。

  A. 基本存款账户   B. 一般存款账户
  C. 专用存款账户   D. 临时存款账户

7. 单位客户在获其驻在地主管部门同意设立临时机构的批文后，能在其驻在地开立一个（　　）账户。

  A. 基本存款   B. 一般存款   C. 专用存款   D. 临时存款

8. （　　）账户可用于办理单位客户借款转存、借款归还、现金缴存和其他结算的资金收付，但不得办理现金支取。

  A. 基本存款   B. 一般存款   C. 专用存款   D. 临时存款

9. 根据《人民币银行结算账户管理办法》的规定，临时存款账户有效期限（含展期），最长不超过（　　）。

  A. 半年   B. 一年   C. 两年   D. 三年

10. 《人民币银行结算账户管理办法》所称银行结算账户，是指银行为存款人开立的办理资金收付结算的（　　）。

  A. 人民币活期存款账户   B. 单位定期存款账户
  C. 单位通知存款账户   D. 单位保证金账户

（二）多选题

1. 银行账户通常包括（　　）。

  A. 基本存款账户   B. 一般存款账户
  C. 专用存款账户   D. 临时存款账户

2. 关于银行账户的管理，以下说法正确的有（　　）。

  A. 银行账户的开立、变更和撤销都需要经过严格的审核程序
  B. 银行应定期对客户的账户进行风险评估
  C. 银行账户的所有交易都需要客户本人亲自到场办理
  D. 银行有权拒绝为客户开立不符合规定的账户

（三）判断题

1. 同一单位的基本存款账户与一般存款账户可以在同一家银行开立。（　　）
2. 一般存款账户在基本存款账户开户银行以外的银行营业机构开立。（　　）
3. 通过网上银行和手机银行等电子渠道受理银行账户开户申请的，银行可为开户申请人开立Ⅱ类户或Ⅲ类户。（　　）
4. 对单位、个人在银行开设的银行结算账户的存款，银行不得为任何单位或个人查询。（　　）

任务 2　银行账户的开立、变更

任务描述

1. 2024 年 7 月 1 日，上海美嘉数字科技股份有限公司的会计主管张海燕委派出纳胡霞携有关证件到××银行办理基本存款账户开立手续，××银行工作人员审核其开户的证明文件，并保留相关证件的复印件，为其办理基本存款账户开户手续。

2. 2024 年 7 月 25 日，上海美嘉数字科技股份有限公司因股权变动，企业法人代表发生了变更，导致需要变更企业基本存款账户。此次工作任务由公司法人金志华授权财务部门完成，会计主管张海燕将任务分派给出纳胡霞，要求在 24 小时内完成企业基本账户的变更，并在每月月终及时进行银行账户的清查，做到日清月结。

学习目标

（一）专业能力目标

1. 能说出基本存款账户的开立流程，包括提交申请、审核材料、签订协议、账户开立等。
2. 能分角色完成银行账户开立、变更等业务材料的提交以及业务办理。

（二）职业素养目标

1. 能依据银行账户管理办法规定，按照银行账户的开立与变更规定的流程和步骤进行操作，并具备一定的规范意识。
2. 能独立填写银行账户的申请表，培养严谨细致的工作态度。

（三）通用能力目标

1. 培养学生自主探究、分析问题和解决问题的能力及实际操作能力。
2. 通过小组合作，培养团队合作和沟通能力。

知识准备

（一）银行账户的开立

1. 开户申请书

开户申请书由银行统一印制，其主要内容包括：
（1）申请开户单位的名称。

(2) 申请开户单位的性质及级别。
(3) 上级主管部门名称。
(4) 营业执照批准文号。
(5) 单位地址、电话。
(6) 资金来源和运用情况。
(7) 生产经营范围等。

银行结算账户开户申请书示例如图1-2-1所示。

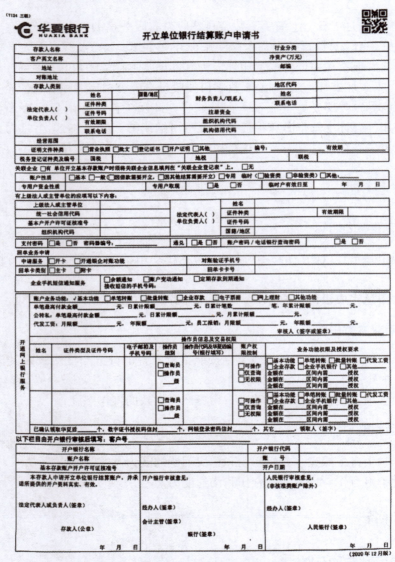

图1-2-1 银行结算账户开立申请书示例

2. 开户准备材料

(1) 企业注册证明：包括工商营业执照、税务登记证、组织机构代码证等。
(2) 法人代表身份证件：法人代表的身份证、户口本或护照等有效证件。

学习笔记

（3）公司章程或公司合同：公司章程或合同会详细规定公司经营范围、董事会成员、授权签字人等信息。

（4）公司盖章证明：一般需要公司的公章、财务章等印鉴证明文件。

（5）公司经办人身份证明：负责开户的经办人员必须出示身份证明。

（6）公司经营地址证明：提供公司的经营地址证明文件，比如房产证、租赁合同等。

（7）公司税务登记证明：公司纳税人识别号等税务相关证明文件。

企业要在开户前将上述材料准备好，以便银行能够顺利为企业办理开户手续。

提示：当单位需要开设对公银行账户时，由于流程烦琐且需符合银行规定，此时可出具授权委托书，委托银行工作人员或指定人员代为办理。单位账户业务授权委托书是指单位（授权人）将其在银行开设的对公账户相关事项的权利和义务委托给单位员工或第三方（受托人）代为办理的书面文件。单位账户业务授权委托书如图1－2－2所示。

（Y195 一联）

华夏银行 HUAXIA BANK

单位账户业务授权委托书

华夏银行＿＿＿＿＿＿＿＿支行（营业部）：

根据《人民币银行结算账户管理办法》及相关规定，兹授权本单位＿＿＿＿＿＿＿＿员工（证件种类：＿＿＿＿＿证件号码：＿＿＿＿＿＿＿＿＿＿＿＿＿＿有效期限：＿＿＿＿＿国籍：＿＿＿＿）作为我单位委托代理人前往贵行办理我单位账号为＿＿＿＿＿＿＿＿＿＿＿＿＿＿账户的下列业务：

1．账户业务【□开户 □信息变更 □印鉴变更 □销户 □其他＿＿＿＿＿＿＿＿】

2．支付密码【□发行 □加载 □修改 □停用 □其他＿＿＿＿＿＿＿＿＿＿】

3．网上银行【□申请 □维护 □注销 □其他＿＿＿＿＿＿＿＿＿＿＿＿】

4．手机短信通知【□开通 □修改 □停止 □其他＿＿＿＿＿＿＿＿＿＿＿】

5．电话银行查询密码【□设置 □修改 □重置】

6．增值税发票开具业务【□申请 □其他＿＿＿＿＿＿＿＿＿＿＿＿＿＿】

7．其他业务：＿＿＿＿＿＿＿＿＿＿＿＿＿＿

授权以下人员作为我单位委托代理人，其个人印鉴为银行预留印鉴之一，该印鉴在贵行的所有支付凭证上的签章行为所引起的一切法律后果由我单位承担：

被授权人1：姓名＿＿＿＿＿，【证件种类＿＿＿＿证件号码＿＿＿＿＿＿＿＿有效期限＿＿＿＿】

被授权人2：姓名＿＿＿＿＿，【证件种类＿＿＿＿证件号码＿＿＿＿＿＿＿＿有效期限＿＿＿＿】

被授权人3：姓名＿＿＿＿＿，【证件种类＿＿＿＿证件号码＿＿＿＿＿＿＿＿有效期限＿＿＿＿】

授权以下人员作为我单位委托代理人，该委托代理人的下述电话号码用于贵行在我单位办理大额资金划转业务时向我单位核实确认的通讯方式：

1．法人代表：姓名＿＿＿＿＿＿＿，办公电话＿＿＿＿＿＿＿＿，手机＿＿＿＿＿＿＿＿＿

2．财务负责人：姓名＿＿＿＿＿＿，办公电话＿＿＿＿＿＿＿＿，手机＿＿＿＿＿＿＿＿＿

3．财务联系人：姓名＿＿＿＿＿＿，办公电话＿＿＿＿＿＿＿＿，手机＿＿＿＿＿＿＿＿＿

本单位对上述事项中委托代理人的代理行为承担全部责任并自愿承担风险，如因本授权委托书载明的授权事项和权限不明的，代理人的代理行为也由本单位承担。以上授权自我单位填写本授权书并签章当日生效，以上授权内容发生变更时，本单位承诺将及时到贵行办理变更手续，因本单位未及时到贵行办理变更手续所产生的业务纠纷及法律责任由本单位承担。

申请单位签章（公章）：

法定代表人／单位负责人签章：

＿＿＿＿年＿＿＿月＿＿＿日

附注：

1．该授权书不得随意涂改，如有更改，申请单位在更改处加盖公章确认。

2．如有预留印鉴组合情况，请在印鉴卡及本委托书上标注（两者应表述一致），也可单独出具印鉴授权委托书等予以说明。

3．印鉴组合中包含法定代表人签章的，法定代表人的姓名应在受权人栏中注明。

图1－2－2　单位账户业务授权委托书示例

3. 银行账户开立流程

银行账户开立的流程如图1-2-3所示。

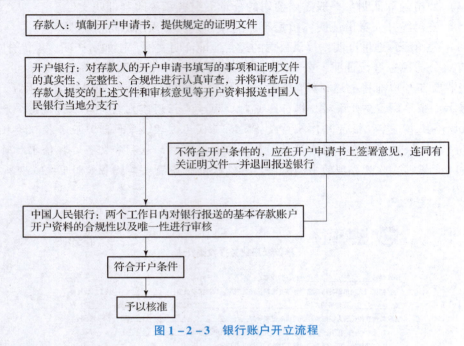

图1-2-3 银行账户开立流程

开立银行账户的说明：

（1）确定开户目的：在开立银行账户前，客户需明确账户用途，以便银行为客户提供适合的账户类型。

（2）选择开户银行：根据客户需求和偏好，选择合适的银行进行开户。

（3）填写开户申请书：按照银行要求，填写完整的开户申请书，并提供所需的身份证明和住址证明等文件。

（4）等待审核：银行会对客户的申请进行审核，确保客户符合开户条件。

（5）账户开立成果：审核通过后，银行会为客户开立银行账户，并寄送相关资料。

（二）银行账户的变更

银行账户的变更是指存款人名称、单位法定代表人或主要负责人、住址以及其他开户资料发生的变更。银行账户发生变更的，应填制"变更银行结算账户申请书"，并办理相关的变更手续。

银行结算账户的存款人名称发生变更，但不改变开户银行及账号的，应于5个工作日内向开户银行提出银行结算账户的变更申请，并出具有关部门的证明文件；单位法定代表人或主要负责人、住址以及其他资料发生变更，应于5个工作日内书面通知开户银行并提供有关证明。银行接到存款人的变更通知后，应及时办理变更手续，并于2个工作日内将存款人的"变更银行结算账户申请书"、开户登记证及证明文件报送中国人民银行当地分行。变更银行结算账户申请书如图1-2-4所示。

项目1　银行账户管理

学习笔记

(Y144三联)

变更银行结算账户申请书

账　户　名　称								
开户银行代码				账　　号				
账　户　性　质	基本（　）		专用（　）	一般（　）		临时（　）		个人（　）
开户许可证核准号								
变更事项及变更后内容如下：								
账　户　名　称								
地　　　　　址								
邮　政　编　码								
电　　　　　话								
注册资金金额								
证明文件种类								
证明文件编号								
经　营　范　围								
法定代表人或单位负责人	姓　　名							
	证件种类							
	证件号码							
关　联　企　业		变更后的关联企业信息填列在"关联企业登记表"中						
上级法人或主管单位的基本存款账户核准号								
上级法人或主管单位的名称								
上级法人或主管单位法定代表人或单位负责人	姓　　名							
	证件种类							
	证件号码							
本存款人申请变更上述银行账户内容，并承诺所提供的资料真实、有效。 存款人（签章） 年　月　日	开户银行审核意见： 会计主管（签章） 经办人（签章） 开户银行（签章） 年　月　日			人民银行审核意见： 经办人（签名） 人民银行（签章） 年　月　日				

第一联　中国人民银行当地分支行留存

填表说明：
1. 存款人申请变更核准类银行结算账户的存款人名称、法定代表人或单位负责人的，中国人民银行当地分支行应对存款人的变更申请进行审核并签署意见。
2. 带括号的选项填"√"。

图1-2-4　变更银行结算账户申请书示例

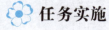 **任务实施**

1. 根据任务描述中的第1点完成银行账户开立。
步骤一：填写银行结算账户开立申请书。

·11·

步骤二：银行工作人员审核企业提供的资料（写出包括哪些资料）。

步骤三：银行工作人员确认资料齐全且符合开户条件，为企业办理开户手续。

2. 根据任务描述中的第2点完成银行账户变更（在下方描述操作步骤）。

任务实训

（一）单选题

1. 银行接到存款人的变更通知后，应及时办理变更手续，并于（　　）个工作日内向中国人民银行报告。
　　A. 2　　　　　　B. 3　　　　　　C. 5　　　　　　D. 10

2. 存款人下列信息变更后，应向开户行办理变更手续（　　）。
①存款人的名称；②存款人的法定代表人或主要负责人；③存款人地址、邮编；④存款人联系电话；⑤注册资金；⑥证件种类和号码
　　A. ①②③⑤　　　　　　　　　　B. ①②⑤
　　C. ①②⑥　　　　　　　　　　　D. ①②③④⑤⑥

3. 下列选项不属于开立企业银行账户必备材料的是（　　）。
　　A. 营业执照副本　　　　　　　　B. 法定代表人身份证原件及复印件
　　C. 企业章程　　　　　　　　　　D. 任意一名员工身份证复印件

4. 在中国，企业银行账户的开立需要在（　　）进行。
　　A. 税务局　　　　　　　　　　　B. 工商局
　　C. 银行　　　　　　　　　　　　D. 公安局

5. 企业银行账户开立后，如果法定代表人发生变更，企业应在（　　）个工作日内向开户银行提交变更申请。
　　A. 3　　　　　　B. 5　　　　　　C. 10　　　　　　D. 15

6. 下列关于企业银行账户密码管理的说法错误的是（　　）。
   A. 密码应定期更换　　　　　　　B. 同一密码可在多个账户中使用
   C. 密码应复杂且不易猜测　　　　D. 密码不得向非授权人员透露
7. 开立企业银行账户时，需要预留（　　）作为日后办理业务的验证手段。
   A. 印鉴　　　　　　　　　　　　B. 任意员工签名
   C. 法定代表人家庭住址　　　　　D. 企业财务报表

（二）多选题

1. 下列关于银行账户开立的说法，正确的有（　　）。
   A. 个人存款账户与一般存款账户均实行备案制
   B. 存款人开立单位银行结算账户，自正式开立之日起即可办理付款业务
   C. 存款人申请开立一般存款账户，无须任何条件限制
   D. 存款人因借款转存需要，可以向银行申请开立一般存款账户
2. 下列情形中，存款人应向开户银行提出变更银行结算账户申请的有（　　）。
   A. 存款人更改名称，但不改变开户银行及账号
   B. 存款人变更单位地址，但不涉及变更开户银行
   C. 存款人变更单位的法定代表人
   D. 存款人改变单位名称，并需要更换新的开户银行
3. 银行机构办理开户时应对存款人书面相关资料的（　　）进行审查。
   A. 真实性　　　　B. 完整性　　　　C. 及时性　　　　D. 合规性

（三）判断题

1. 企业银行账户开立后，如果需要变更账户名称，只需口头通知银行即可。（　　）
2. 企业银行账户的密码可以由法定代表人自行更改，无须向银行报备。（　　）
3. 企业银行账户的预留印鉴一旦丢失，应立即向银行报告，并办理挂失手续。（　　）
4. 企业银行账户的变更申请可以由企业任意一名员工代为提交。（　　）
5. 开立企业银行账户时，银行有权对企业提交的材料进行真实性核查。（　　）
6. 银行不得为任何单位或者个人查询账户情况，不得为任何单位或者个人冻结、扣划款项。（　　）
7. 存款人开立单位银行结算账户的，自开立之日起即可使用该账户办理结算业务。（　　）
8. 存款人申请开立单位银行结算账户时，应由法定代表人或单位负责人直接办理，不可以授权他人办理。（　　）
9. 单位银行结算账户的存款人只能在银行开立一个基本存款账户。（　　）
10. 对单位银行结算账户的存款和有关资料，除国家法律、行政法规另有规定外，银行有权拒绝任何单位或个人查询。（　　）

任务 3　银行账户销户

任务描述

随着上海美嘉数字科技股份有限公司业务结构的调整和市场环境的变化，部分银行账号已经无法满足企业当前运营需求。为了优化资金管理和减少不必要的运营成本，该公司决定对杭州的部分银行账户进行销户处理。出纳胡霞需要准备银行销户的材料，前往财务仿真平台办理银行销户业务。

学习目标

（一）专业能力目标

1. 清楚银行账户销户需要的材料。
2. 能独立使用财务仿真平台完成基本存款账户的销户。

（二）职业素养目标

1. 能依据银行账户管理办法规定，按照银行账户撤销规定的流程和步骤进行操作，并具备一定的规范意识。
2. 能严格遵守会计从业人员的职业道德，树立吃苦耐劳、爱岗敬业的工作态度和职业责任感。

（三）通用能力目标

1. 培养自主探究、分析问题和解决问题的能力及实际操作能力。
2. 通过小组成员之间的互动和协作，培养与人交流和与人合作的能力。

知识准备

（一）银行账户销户

银行账户销户是指存款人因开户资格或其他原因终止银行结算账户使用的行为，也就是通常所说的"撤销"或者"清户"。

存款人有以下情况之一的，应向开户银行提出销户：
（1）被撤销、合并、解散、宣告破产或关闭的。
（2）注销、被吊销营业执照的。
（3）因迁址需要变更开户银行的。

（4）其他原因需要撤销银行结算账户的。

如果属于前两种情形，应于 5 个工作日内向开户银行提出撤销银行结算账户的申请。

（二）银行账户销户流程

（1）存款人到开户银行领取"撤销银行结算账户申请书"（一式三联），其示例如图 1-3-1 所示。

（2）存款人将填写完整并加盖单位公章的申请书（一式三联）及两份开户资料送交开户银行。

图 1-3-1 撤销银行结算账户申请书示例

(3) 开户银行对申请书、相关资料的真实性、完整性、合规性进行审核后，可由开户银行或存款人将相关资料报送到中国人民银行营业管理部。

任务实施

完成银行账户销户操作（在下方描述操作步骤）。

任务实训

（一）单选题

1. 当企业决定注销其银行账户时，（　　）不是必须提供的文件。
   A. 营业执照注销证明
   B. 法定代表人身份证原件及复印件
   C. 银行账户开户许可证
   D. 企业员工的工资单

2. 根据《人民币银行结算账户管理办法》，企业在何种情况下需要在5个工作日内向开户银行提出撤销银行结算账户的申请？（　　）
   A. 企业迁址
   B. 企业法定代表人变更
   C. 企业被撤并、解散、宣告破产或关闭
   D. 企业经营范围变更

3. 企业银行账户销户过程中，以下操作不必要的是（　　）。
   A. 清算账户余额　　　　　　　B. 提交销户申请书
   C. 销毁企业所有财务资料　　　D. 缴回银行卡、存折等相关物品

4. 开户银行得知单位客户被撤并、解散、宣告破产或关闭以及被注销、吊销营业执照，应通知单位客户自通知发出之日起（　　）日内办理销户手续；如单位客户逾期仍未办理销户手续，开户行有权停止该账户的对外支付。
   A. 5　　　　　　B. 10　　　　　　C. 15　　　　　　D. 30

5. 根据支付结算法律制定的规定，下列情形中，不属于存款人应向开户银行提出撤销银行结算账户申请的是（　　）。
   A. 被撤并、解散、宣传破产或关闭的
   B. 注销、被吊销营业执照的
   C. 因迁址需要变更开户银行的
   D. 更换公司注定代表人的

（二）多选题

1. 根据支付结算法律制度的规定，下列情形中，存款人应向开户银行提出撤销银行结算账户申请的有（　　）。
   A. 存款人被宣告破产
   B. 存款人因迁址需要变更开户银行
   C. 存款人被吊销营业执照
   D. 存款人更换新的出纳人员
2. 下列情形中，存款人应向开户银行提出撤销银行结算账户申请的有（　　）。
   A. 存款人被宣告破产
   B. 存款人法定代表人改变
   C. 存款人被吊销营业执照
   D. 存款人被撤并

（三）判断题

1. 企业银行账户销户后，该账户的所有交易记录将被永久删除。（　　）
2. 企业银行账户销户必须由企业法定代表人亲自办理。（　　）
3. 企业在注销银行账户后，如果发现有未完成的交易，银行将不再承担责任。（　　）
4. 个体工商户凭营业执照以字号或经营者姓名开立的银行结算账户纳入单位银行结算账户管理。（　　）
5. 单位、银行在票据上的签章和单位在结算凭证上的签章为该单位、银行的盖章加其法定代表人或者其授权代理人的签名或者盖章。（　　）
6. 存款人未清偿其开户银行债务的，也可以撤销该银行结算账户。（　　）

项目评价

请根据下表中的内容对本项目的学习情况进行打分。

姓名：				学号：			
班级：				日期：			
考核项目	序号	步骤	配分	评分标准	自评	组评	师评
素养（30分）	纪律情况（10分）	不迟到、早退	3	违反一次不得分			
		积极思考回答问题	5	根据上课统计情况，得1~5分			
		"三有一无"（有本、笔、书，无手机）	2	不符合要求不得分			
		执行教师指令	0	此为否定项，违规扣10~100分，违反校规按校规处理			

续表

姓名：				学号：			
班级：				日期：			
考核项目	序号	步骤	配分	评分标准	自评	组评	师评
素养 (30分)	职业道德 (10分)	能与他人合作	6	不符合要求不得分			
		追求完美	4	对学习精益求精且效果明显			
	5S (5分)	座位整洁干净	2	使用的座位整洁无杂物，得2分；不合格不得分			
		学习设备使用	2	整洁规范得2分，不合格不得分			
		服装整洁、不佩戴饰物	1	全部合格得1分			
	综合能力 (5分)	阅读理解能力	2	能正确描述任务名称及要求得2分；表达不完整不得分			
		创新能力（加分项）	3	能在新渠道正确查阅资料，优化基本检查顺序等，视情况得1~3分			
知识掌握情况 (40分)	理论学习及实训操作	银行账户开立、变更、撤销的表格填写	20	不认真学习，违反课堂纪律等扣5~15分			
		银行账户开立、变更、撤销步骤操作	20	实训操作中不动手或乱动手，违反实训要求纪律等扣5~15分			
工作页完成情况 (30分)	按时完成工作页	及时提交	10	及时完成并提交工作页得10分			
		内容完整度	10	内容不完整，扣1~5分			
		回答准确率	5	回答不准确，扣1~5分			
		独立完成	5	不能独立完成不得分			
总分							
教师评价签字：				组长签字：			

项目 2

日常资金收付管理

项目描述

随着市场经济的深入发展和企业管理的日益精细化，日常资金收付管理作为企业财务管理的重要组成部分，受到越来越广泛的关注。为了提升企业和个人对日常资金收付管理的认知和理解，提高资金利用效率，降低财务风险，本项目将详细介绍日常资金收付管理的基本理论和实践技巧，通过实施该项目，企业或个人可以有效地管理日常资金收付，提高资金使用效率，降低财务风险，为企业的稳健发展和个人的财富增值提供有力保障。

企业背景资料

1. 企业基本信息

上海美嘉数字科技股份有限公司专注于推动制造企业产品数字化转型，在汽车、工程机械、电子高科、民用航空、服装零售、大健康等行业，为客户提供前沿的软件产品、解决方案和实施服务。该公司帮助一系列领先企业在产品研发、制造、服务、营销和运营流程等方面进行数字化变革。该公司自主知识产权iMe、方舟系列软件，获得众多高端客户认可和应用。

地址：上海市徐汇区桂平路418号漕河泾国际孵化中心B区5层
电话：021-54590759
开户银行：中国工商银行上海徐汇区田林路支行
开户银行行号：089423588477
开户银行地址：上海市徐汇区田林路78号
银行账号：10012760293001 66597
保证金账号：1001276029300190638
法人：金志华
会计主管：张海燕
会计：罗雷
出纳：胡霞

2. 员工信息

部门	职称	姓名	开户银行	银行账号
行政部	总经理	金志华	中国工商银行上海市桃林路支行	6222082901000022001
行政部	行政主管	刘洪江	中国工商银行上海市桃林路支行	6222082901000022002
行政部	行政专员	陈欣	中国工商银行上海市桃林路支行	6222082901000022003
财务部	会计主管	张海燕	中国工商银行上海市桃林路支行	6222082901000022004
财务部	会计	罗雷	中国工商银行上海市桃林路支行	6222082901000022005
财务部	出纳	胡霞	中国工商银行上海市桃林路支行	6222082901000022006

续表

部门	职称	姓名	开户银行	银行账号
人力资源部	人力资源主管	徐少军	中国工商银行上海市桃林路支行	6222082901000022007
人力资源部	人力资源员工	罗明	中国工商银行上海市桃林路支行	6222082901000022008
研发部	研发主管	杨伟	中国工商银行上海市桃林路支行	6222082901000022009
研发部	研发员工	杨兰	中国工商银行上海市桃林路支行	6222082901000022010
采购部	采购主管	苏真	中国工商银行上海市桃林路支行	6222082901000022011
采购部	采购员	李浩	中国工商银行上海市桃林路支行	6222082901000022012
销售部	销售主管	张大伟	中国工商银行上海市桃林路支行	6222082901000022013
销售部	销售员	王春	中国工商银行上海市桃林路支行	6222082901000022014
销售部	销售员	马元元	中国工商银行上海市桃林路支行	6222082901000022015

3. 往来单位信息

（1）上海中芯科技有限公司。

开户银行：中国工商银行上海黄浦支行

开户银行地址：上海市黄浦区中山南路 128 号

账号：300834567019

社会信用代码：913101167989787841

地址：上海市黄浦区人民大道 369 号

电话：021－36262316

（2）上海东方晶圆科技有限公司。

开户银行：中国工商银行上海徐汇区田林路支行

开户银行地址：上海市徐汇区田林路 78 号

账号：03386900801001099

社会信用代码：913101167989785688

地址：上海市徐汇区田林街道 88 号

电话：021－36892156

（3）上海电子半导体科技有限公司。

开户银行：中国工商银行上海市南京东路第一支行

账号：1001293529100035885

社会信用代码：91310117361726988K

（4）南京瑞祥机械有限公司。

开户银行：中国工商银行南京东平支行。

账号：6217614618738100732

社会信用代码：91320117MA1WGWUT0M

地址：南京市溧水区东屏镇工业集中区

电话：025 – 69582316

（5）昆山合生光学电子有限公司。

开户银行：中国工商银行上海昆山分行

账号：325391450018800030059

（6）南京瑞祥机械有限公司。

开户银行：中国工商银行南京东平支行

账号：6217614618738100732

（7）山东绘影科技有限公司。

开户银行：中国工商银行济南开发区支行

账号：74130154801577439

社会信用代码：9137070520885F3B2R

地址：山东省济南市开发区新华路101号

电话：0531 – 12568952

（8）上海京佳物流运输有限公司。

开户银行：中国工商银行上海彭浦支行

账号：1001250809300882395

社会信用代码：913102306643350304

地址：上海市静安区三泉路60号

电话：021 – 56621678

任务1　现金存取业务办理

任务描述

1. 2024年9月1日，上海美嘉数字科技股份有限公司出纳胡霞查看保险柜，发现现金库存低于银行核定的库存现金限额。为保障企业正常现金业务需求，需根据银行核实的库存现金限额及时补充现金库存。出纳要按照取现业务办理程序，完成提取现金6 000元的工作任务。出纳胡霞应完成以下工作任务：

（1）填制提现申请单。
（2）填制现金支票。
（3）审核现金支票。
（4）提取现金。

2. 2024年9月5日，上海美嘉数字科技股份有限公司出纳胡霞将一笔销售款存入银行，金额为7 910元，其中100元面额的60张，50元面额的30张，20元面额的20张，10元面额的1张。出纳胡霞应完成以下工作任务：

（1）整理现金。
（2）填写现金存款凭证。
（3）办理存现业务。

学习目标

（一）专业能力目标

1. 能够正确办理现金存取业务，并能根据相关原始凭证进行账务处理。
2. 能够根据工作任务，填制现金支票，办理现金提取业务。
3. 能够根据工作任务，整理现金，填制现金存款凭证，办理存现业务。

（二）职业素养目标

1. 了解并掌握相关的财务法规和会计制度规定。
2. 培养细致认真、遵守财务规范的工作态度。

（三）通用能力目标

1. 具备自我学习及解决问题的能力。
2. 具备计算机应用能力。
3. 具备良好的交流沟通能力。

知识准备

（一）现金存取业务概述

根据现金管理相关规定："开户单位支付现金，可以从本单位库存现金限额中支付或者从开户银行提取，不得从本单位的现金收入中直接支付（即坐支）。"现金提取金额以银行核定的库存现金使用限额及实际需要为依据，同时企业所提现金用途应符合规定的现金支出范围。

1. 库存现金使用限额

库存现金使用限额是指为保证单位日常零星支付的需要，按规定允许留存的现金的最高数额。库存现金使用限额由开户银行根据单位的实际需要核定，一般按照单位3~5天日常零星开支所需确定。边远地区和交通不便地区开户单位的库存现金限额，可按多于5天但不得超过15天的日常零星开支的需要确定。经核定的库存现金限额，开户单位必须严格遵守，出纳人员必须严格将库存现金控制在核定的限额内。

2. 现金结算范围

根据现金结算范围相关规定，企业可以在下列范围内使用现金：

（1）职工工资、津贴。
（2）个人劳务报酬。
（3）根据国家规定颁发给个人的科学技术、文化艺术、体育等各种奖金。
（4）各种劳保、福利费用以及国家规定的对个人的其他支出。
（5）向个人收购农副产品和其他物资的价款。
（6）出差人员必须随身携带的差旅费。
（7）结算起点以下的零星支出。
（8）中国人民银行确定需要支付现金的其他支出。

上述款项结算起点为1 000元。结算起点的调整，由中国人民银行确定，报国务院备案。除上述第（5）、（6）两项外，开户单位支付给个人的款项，超过使用现金限额的部分，应当以支票或者银行本票支付；确需全额支付现金的，经开户银行审核后，予以支付现金。

3. 存现的原因

（1）企业的现金收入应于当日送存开户银行。当日送存确有困难的，由开户银行确定送存时间。

（2）不准未经批准坐支现金。企业支付现金时，可以从本单位库存现金限额中支付或者从开户银行提取，不得从本单位的现金收入中直接支付（即坐支）。如有特殊情况需要坐支现金的，应当事先报经开户银行审查批准，由开户银行核定坐支范围和限额。

（3）除了法律规定外，企业超过公司财务制度规定限额的现金必须存入银行，更是为企业内部安全考虑。

学习笔记

4. 存款凭证的取得与填制

现金存款凭证在去银行存款时可免费领取。出纳可在办公室多存放几份现金存款凭证，存款时可先填写好存款凭证后再到银行，以提高办事效率。存现必须填写现金存款凭证。不同银行的现金存款凭证的名称有所差异，例如，中国工商银行是“现金存款凭条”，中国农业银行是“现金缴款单”，交通银行是“现金解款单”，等等。这里我们以中国工商银行的“现金存款凭条”为例，如图 2－1－1 所示。

中国工商银行　现金存款凭条

日期：　年　月　日

存款人	全称			
	账号		款项来源	
	开户行		交款人	
金额	人民币（大写）		金额（小写）	亿 千 百 十 万 千 百 十 元 角 分

券面	张数	十	万	千	百	十	元	券面	张数	千	百	十	元	角	分	备注
壹佰元								伍角								
伍拾元								贰角								
贰拾元								壹角								
拾元								伍分								
伍元								贰分								
贰元								壹分								
壹圆								其他								

第二联　客户核对联

201508 190*100mm

图 2－1－1　现金存款凭条

各银行的现金存款凭证内容大同小异，需要填写的内容如表 2－1－1 所示。

表 2－1－1　现金存款凭证内容

填写项目	填写内容
存款日期	填写送存银行的当天日期
单位全称	填写存款单位全称
存款账号	单位在银行所开立的账号
开户银行	填写存款单位开户银行的名称
款项来源	填写所收现金的来源，如销货款、业务收入和收费等，但若来源太多也可只写“库存现金”
存款人	填写送存现金人员即出纳人员的姓名
存款金额	按照实际存款金额填写大写和小写金领，且要符合金额的书写要求
券别	出纳人员要将币值相同的现金分为一组，进行统计

5. 认识支票

支票分为现金支票、转账支票和普通支票。现金支票是专门用于支取现金的一种支票。由存款人签发用于到银行为本单位提取现金，也可以签发给其他单位和个人用来办理结算或者委托银行代为支付现金给收款人。为了保障企业资金的安全，企业通常使用现金支票到银行柜台提取现金。

现金支票有正反两面：正面又分为左右两部分，左边为存根联（也称"支票头"），右边为正联（也称"支票联"）；背面有两栏，左栏是附加信息，右栏是收款人签章，如图2-1-2和图2-1-3所示。

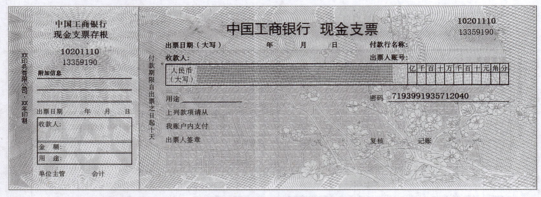

图2-1-2 支票正面

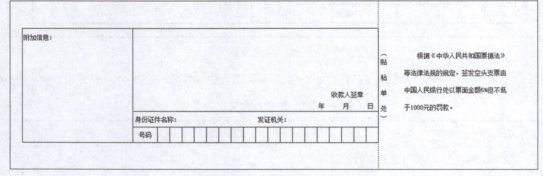

图2-1-3 支票背面

6. 现金支票填写规范

（1）签发支票应该使用碳素墨水笔填写，或者采用支票打印机（或支票打印软件）输入相关内容后打印出来。

（2）存根联的填写内容有：出票日期；收款人、金额、用途；有支票领用申请单的单位，单位主管不需要签字，若无支票领用申请单的，主管人需要签字。

（3）填写正联时要注意：出票日期必须大写；收款人必须与收款单位银行预留印鉴一致（如收款单位全称）；在填写人民币大写栏时要顶格书写，不得留下空格；小写金额数字前面加人民币符号"￥"；要填明用途；出票人签章必须与其预留在银行的签章一致；任何内容均不得修改。

（4）现金支票背面的内容根据业务需要填写。收款人持用于支取现金的支票向付款人提示付款时，应在支票背面"收款人签章"处签章；持票人为个人的，还需交验本人身份证，并在支票背面注明证件名称、号码及发证机关。

（5）转账支票和普通支票背面的内容根据业务需求填写。持票人委托开户银行收款时，应做委托收款背书，在支票背面"背书人签章"栏签章，记载"委托收款"字样，填写背书日期，在"被背书人"栏记载开户银行名称，并将支票和填制的进账单送交开户银行；持票人持用于转账的支票向付款人提示付款时，应在支票背面"背书人签章"栏签章，并将支票和填制的进账单送交出票人开户银行。

 任务实施

（一）现金提取业务办理流程

出纳办理现金提取业务流程如图2-1-4所示。

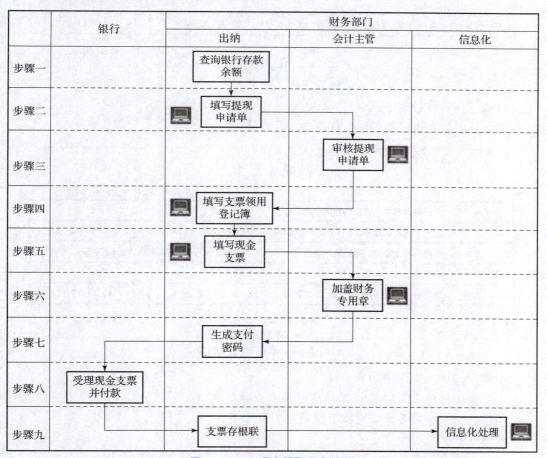

图2-1-4 现金提取业务流程

步骤一：查询银行存款余额。

出纳提取现金时，应先查询企业基本账户的存款余额，以防止开具空头支票。在

学习笔记

确定银行存款余额大于拟提取的金额时才可开具现金支票提取现金。

步骤二：填写提现申请单。

（1）出纳使用现金支票提取现金前需要填写提现申请单，报经会计主管或相关领导批准。

（2）出纳根据业务信息填写提现申请单，包括填单日期、收款单位、地址、联系电话、收款人开户行、开户账号、内容、金额等信息，在制单处填写出纳姓名或者加盖人名章，填写完成如图 2－1－5 所示。

提现申请单

填单日期:2024 年 09 月 01 日

收款单位	上海美嘉数字科技股份有限公司		
地址	上海市徐汇区桂平路418号漕河泾国际孵化中心B区5层	联系电话	021-54590759
收款人开户行	工商银行上海徐汇区田林路支行	开户账号	100127602930016659
内容	备用金		
金额（大写）	零拾零万陆仟零佰零拾零元零角零分		¥ 6 0 0 0 0 0

审批：　　　　审核：　　　　制表：胡霞

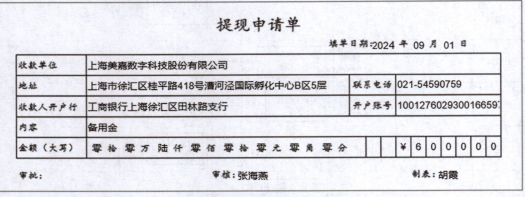

图 2－1－5　提现申请单示例

步骤三：审核提现申请单。

由会计主管在审核处签字，如图 2－1－6 所示。

提现申请单

填单日期:2024 年 09 月 01 日

收款单位	上海美嘉数字科技股份有限公司		
地址	上海市徐汇区桂平路418号漕河泾国际孵化中心B区5层	联系电话	021-54590759
收款人开户行	工商银行上海徐汇区田林路支行	开户账号	100127602930016659
内容	备用金		
金额（大写）	零拾零万陆仟零佰零拾零元零角零分		¥ 6 0 0 0 0 0

审批：　　　　审核：张海燕　　　　制表：胡霞

图 2－1－6　审核提现申请单

步骤四：填写支票领用登记簿。

出纳使用现金支票取现前需要登记现金支票使用登记簿，登记开具现金支票的号码、用途、支取金额等。填写支票领用登记薄如图 2－1－7 所示。

步骤五：填写现金支票。

（1）打开现金支票（正面）。

（2）出纳根据业务内容规范地填写支票，日期、金额、用途等内容按支票的填制要求正确填写。

学习笔记

支票领用登记簿

支票类别：现金支票　　　　2024 年　9　月　　　　银行账号：100127602930016659

日期		支票号码	支票用途	金额										领用人	报销日期		备注
月	日			千	百	十	万	千	百	十	元	角	分		月	日	
09	01	63901621	提取备用金				¥	6	0	0	0	0	0	胡霞	09	01	

图 2－1－7　填写支票领用登记簿

（3）填写完成后，加盖法人章，如图 2－1－8 所示。

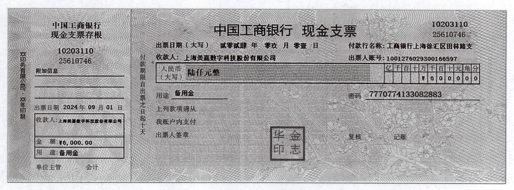

图 2－1－8　已盖法人章的现金支票

（4）打开现金支票（背面），填写日期并加盖法人章，如图 2－1－9 所示。

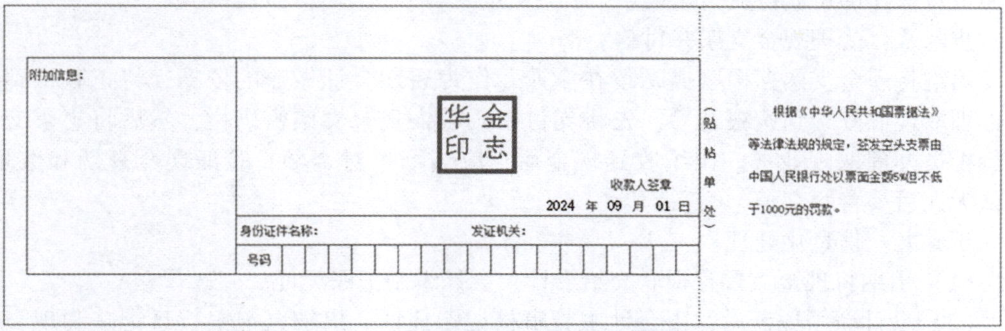

图 2－1－9　已盖法人章的现金支票背面

步骤六：加盖财务专用章。

（1）出纳加盖法人章后，需要由会计主管加盖财务专用章。盖章后支票如图2-1-10所示。

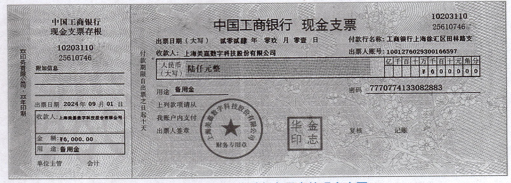

图2-1-10　已盖财务专用章的现金支票

（2）按照相同的方法，对现金支票（背面）进行盖章。盖章后支票如图2-1-11所示。

图2-1-11　已盖财务专用章的现金支票背面

步骤七：生成支付密码。

出纳到银行办理取现业务时，银行会根据预留印鉴及支付密码来判断是否将款项交由持票人。出纳需将支付密码器生成的密码记录在安全的地方，到银行后填入密码。只有支票上填写的密码与银行的数据一致时，银行才会付款。

支付密码器由企业等存款人向其开户银行购买。密码器操作简单，通常按其使用说明进行操作即可获得支付密码。

步骤八：受理现金支票并付款。

出纳将现金支票存根联撕下留在企业，作为后期会计做账的依据，将正联带到银行办理取现业务。到达银行后，先将支付密码填入现金支票密码栏，然后将支票交给银行柜员办理取现业务。出纳收到现金后，应当场核对金额，验证现金真伪和数量，确认无误后妥善收存。

步骤九：信息化处理。

（1）出纳将现金支票存根联交给会计，会计编制记账凭证。

（2）会计新增凭证后，由会计主管审核记账凭证。出纳登记银行日记账和现金日记账。

（二）现金存款业务办理流程

出纳办理现金存款业务流程如图 2-1-12 所示。

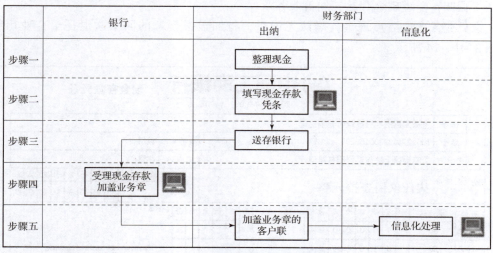

图 2-1-12　现金提取业务流程

步骤一：整理现金。

出纳到银行送存现金前，应将现金按不同的面额、币种分别清点整理。纸币要平铺整齐，将同面额的纸币按 100 张为一捆进行清点捆扎，不够整捆的，按照从大到小的顺序整理。

步骤二：填写现金存款凭条。

由出纳填写现金存款凭条，现金存款凭条中的日期、单位全称、账号、金额大小写和款项来源等内容为必填项，交款人、券别金额为选填项目。填写完的现金存款凭条如图 2-1-13 所示。

图 2-1-13　现金存款凭条

步骤三：送存银行。

出纳按照规定整理现金、填写存款凭证后，将现金和存款凭证一起送存银行办理存款。

步骤四：受理现金存款，加盖业务章。

银行业务人员清点现金，确认无误后，将加盖银行章的回单联退还给企业出纳，如图2-1-14所示。

图2-1-14　已盖银行章的现金存款凭条

步骤五：信息化处理。

出纳将现金存款凭条客户核对联交给会计，会计编制记账凭证。

任务实训

2024年9月1日，上海美嘉数字科技股份有限公司出纳胡霞查看保险柜，发现只有4 000元现金。为保障企业正常现金业务需求，需根据银行核定的库存现金限额及时补充现金库存。出纳要按照取现业务办理程序，完成提取现金6 000元的工作任务。现金支票号码：63901621。

学习笔记

要求：根据经济业务内容进行账务处理（相关单据见图 2－1－15～图 2－1－18）。

支票领用登记簿

支票类别：　　　　　　　　　　　　年　　月　　　　银行账号：

日期		支票号码	支票用途	金额										领用人	报销日期		备注
月	日			千	百	十	万	千	百	十	元	角	分		月	日	

图 2－1－15　支票领用登记簿

提现申请单

填单日期：　　年　　月　　日

收款单位			
地址		联系电话	
收款人开户行		开户账号	
内容			
金额（大写）	拾　万　仟　佰　拾　元　角　分		

审批：　　　　　　　　　　审核：　　　　　　　　　　制表：

图 2－1－16　提现申请单

中国工商银行
现金支票存根
10203110
63901621
附加信息
出票日期　年　月　日
收款人：
金　额：
用　途：
单位主管　会计

中国工商银行　现金支票　11北京　10203110　63901621
出票日期（大写）　年　月　日　付款行名称：
收款人：　出票人账号：
付款期限自出票之日起十天
人民币（大写）　亿 千 百 十 万 千 百 十 元 角 分
用途　密码
上列款项请从
我账户内支付
出票人签章　复核　记账

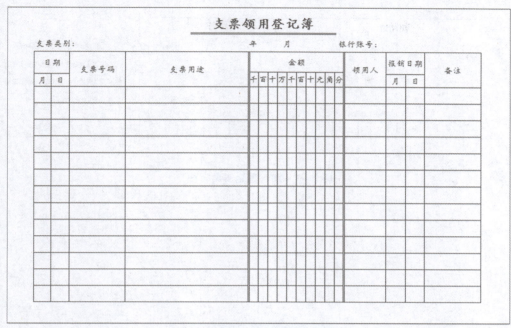

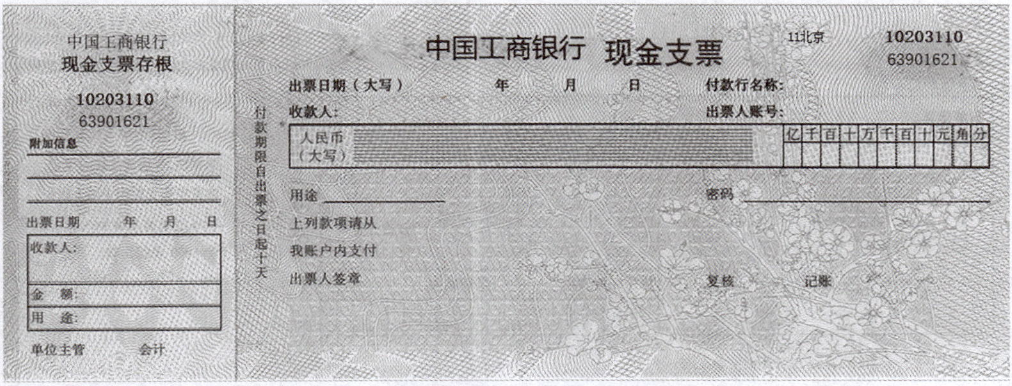

图 2－1－17　现金支票

出纳业务核算

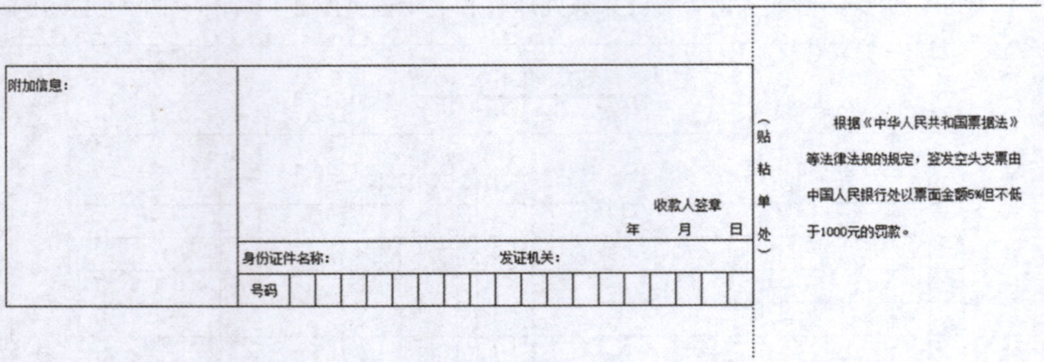

学习笔记

图 2-1-18　现金支票背面

任务 2　现金收支业务办理

任务描述

1. 2024 年 9 月 10 日，上海美嘉数字科技股份有限公司向上海环海废旧物资回收有限公司出售一批废旧办公桌，收到现金 750 元。出纳胡霞需要完成以下工作任务：
（1）收取并准确清点现金。
（2）填制收款收据。
（3）办理现金收款业务。

2. 2024 年 9 月 12 日，上海美嘉数字科技股份有限公司销售部发生办公费 949.20 元。销售部员工王春拿着办公费发票和经领导审批的费用报销单找出纳胡霞进行报销。出纳胡霞需要完成以下工作任务：
（1）对发票的合法性、合规性、真实性进行审核。
（2）填写现金支出凭证。
（3）办理报销业务。

学习目标

（一）专业能力目标

1. 能够正确办理现金收取、支出业务，并能根据相关原始凭证进行账务处理。
2. 根据工作任务，填制收据，办理现金收入业务。
3. 根据工作任务，填制报销单，办理现金支出业务。

（二）职业素养目标

1. 了解并掌握相关的财务法规和会计制度规定。
2. 培养细致认真、遵守财务规范的工作态度。

（三）通用能力目标

1. 具备自我学习及解决问题的能力。
2. 具备计算机应用能力。
3. 具备良好的交流沟通能力。

知识准备

（一）现金收入概述

现金收入是指各单位在其所开展的生产经营和非生产经营业务中取得的现金。它包括发生销售商品、提供劳务等业务时的现金收入，机关团体、企事业单位提供非经营服务而取得的现金收入，单位内部的现金收入，出差人员退回的差旅费多借款项，向单位职工收取的违反制度罚款，执法单位取得的罚没收入等。各单位收入的现金按性质可分为以下几种，具体如图2-2-1所示。

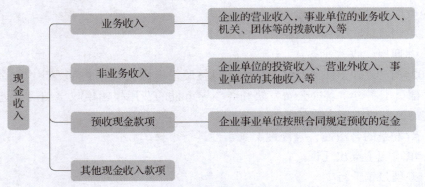

图2-2-1 现金收入内容

1. 现金收入管理原则

出纳在进行现金收入管理时，应掌握一定的方法，按照基本的规定办理现金收款业务，主要内容如下：

（1）不得瞒报、多报、少报、误报收入。

①实行部门经理负责制。销售收入或劳务收入由业务部负责人统一监控，非经营性收入由各部门负责人监控。

②收入凭证由专人保管、开具。凡是涉及现金收入的凭证，如发票、内部收据、财务专用章及发票专用章等，一律由出纳或专人专门负责开具及保管，定期盘点核对，保证收款与开出凭证的金额一致，严禁开具大头小尾的收入凭证。

③账实校对。凡涉及商品销售的，所有库存商品的发出必须与相应的收入或其他用途相对应；凡涉及实物增减的，也应与相应的去向相符合。

（2）严格办理收入手续。

①审查收入的合法性。在处理日常业务收入现金时，必须严格遵守国家现金收入范围的规定，不得在出售商品的金额超过结算起点时，拒收银行结算凭证而收取现金，或按一定比例搭配收取现金等。

②现金收入要一笔一清。收取现金时，要清点完一笔之后再清点另一笔，几笔收款不能混在一起办理，以免互相混淆或调换。一笔款项未办理妥当，出纳不得离开座位；收款过程应在同一时间内完成，不准收款后过一段时间再开发票或收据；对已完成收款的收据应加盖"现金收讫"字样。出纳与付款人当面点清后，应再询问一次付

款人金额是否正确,如无异议,即可将发票或收据交给付款人,至此收入手续才算结束。

③现金收入要及时送存银行。出纳应严格控制收款日期和收款金额,保证本单位应得的收入及时收取,不缺、不溢并及时送存银行。

2. 收款收据填写

收款收据是企事业单位在收取款项时使用的收款原始凭证。一般没有使用发票的业务都应该使用收款收据。

收款收据分为内部收款收据和外部收款收据。内部收款收据一般适用于单位内部职能部门之间、单位与职工之间的现金往来、单位与外部单位或个人之间的非经营性现金往来。外部收款收据根据监制单位的不同,可以分为财政部门监制、部队监制和税务部门监制三种。

收据一般分为两联或三联,三联收据的使用更为普遍。三联收据的联次:第一联为存根联,由出纳自己留存;第二联为收据联(或付款方记账联),盖上财务专用章后交给对方作为收款证明;第三联为记账联,出纳开具后盖上现金收讫章交给会计做账。

收款收据主要填写内容如表2-2-1所示。

表2-2-1 收款收据主要填写内容

填写项目	具体内容	举例
日期	填写收款当天的日期,使用小写	2024年9月3日
付款方	在"今收到"后的横线上填写付款人或付款单位名称	上海宏达实业有限公司
项目	在"交来"后填写收取款项的原因或事由	包装物押金
金额	填写收款的实际金额,使用大小写填写	1 500.00元;壹仟伍佰元整
结算方式	根据实际情况选择结算方式,一般为填写或选择现金方式,如果是其他方式,则勾选或填写其他选项	加盖"现金收讫"章,或填写收款方式为"现金"

填写完毕并盖章后,第一联(存根联)保留在收据本上备查,将第二联(收据联)交给付款方,将第三联(记账联)交给会计进行账务处理。

知识链接

钱账分管制度

钱账分管,即管钱的不管账,管账的不管钱。《中华人民共和国会计法》有严格的规定,会计和出纳不得由一人担任,规定钱和账要分人管理,使出纳与会计相互牵制、相互监督。

具体规定如下：

（1）由出纳人员管钱。出纳人员专管与钱有关的业务，非出纳人员不得经管现金收付业务和现金保管业务。

（2）由非出纳人员管账。财务部门的非出纳人员主要负责账务工作。通常情况下，出纳人员负责现金日记账的登记，会计负责现金总账，可以起到互相制约的作用。

（3）某些科目的账目，出纳人员绝对不能兼管。《中华人民共和国会计法》明确规定，出纳人员不得兼任稽核、会计档案保管和收入、支出、费用、债权债务账目的登记工作。

（二）现金支出概述

现金支出是指在生产经营过程中，企业为获得另一项资产或者清偿债务时所发生的现金流出。企业必须按照规定的范围办理现金支出业务，出纳人员进行现金支出管理时，应严格按照支出原则和有关的规章制度审核付款凭证，按程序办理付款手续，及时发现并解决有关问题，保证现金支出的安全。

1. 现金支出的内容

（1）工资。按照国家有关规定，工资总额应包括计时或计件工资、奖金、津贴补贴、加班加点工资。

（2）差旅费报销。单位工作人员因公出差需借支差旅费，应先到财务部门领取并填写借款单，将借款单所列内容填写完整，然后送所在部门领导和有关部门人员审查签字。出纳根据自己的职权范围，审核无误后给予现金支付。出差人员回来后，持各种原始凭证至出纳处依照规定进行报销。

（3）零星采购费用。单位内部有关人员根据生产经营需要进行零星物品采购发生的费用，可持原始凭证到出纳处，出纳认真审核这些开支是否符合有关规定、是否有有关人员或部门批准，审核无误后予以报销。

（4）备用金支出。根据备用金管理制度，备用金的核算分为定额备用金和非定额备用金。定额备用金就是企业的会计部门协同使用备用金的单位，根据日常零星开支的需要，事先核算备用金定额。使用备用金的单位填制借款单一次性领出现金，报销时由会计部门根据审核后的报销凭证，用现金补足备用金定额。非定额备用金是指满足临时性需要而暂付给有关部门和个人现金，事后经批准实报实销。

（5）其他支出。其他支出一般包括以下内容：根据国务院有关规定颁布的创造发明奖、支付的合理化建议和技术进步奖金；有关劳动保险和职工福利费，离、退休人员待遇，劳动保护各项支出；稿费、讲课费及其他专门工作报酬。如出差伙食补助费、误餐补助费，调动工作的差旅费和安家费，对购买本企业股票和债券的职工所支付的股息，劳动合同制职工解除劳动合同时由企业支付的医疗补助费、生活补助费等。

2. 现金支出管理原则

现金支出管理原则如下：

（1）出纳与会计岗位必须分设，相互制约。

（2）出纳办理现金支出业务，必须取得或填制合法的原始凭证；原始凭证经单位法人或有授权权限的人员签字批准,由领款人或经手人签名。

(3) 支付现金的原始凭证,必须由稽核人员或会计主管人员进行复核后方可支付现金。

(4) 出纳清点付出的现金,必须由其他会计人员进行复点后当面交给领款人;在付款后,出纳应在付款的原始凭证上加盖"现金付讫"戳记。

(5) 支付现金后,出纳应当依据原始凭证所涉及的经济业务事项的内容,及时填制付款凭证,并登记库存现金日记账。库存现金日记账每日都应当进行结账。

(6) 严格执行现金清查盘点制度,保证现金安全、完整。出纳每天盘点现金实有数,与库存现金日记账的账面余额核对,保证账实相符。单位会计主管人员必须定期或不定期地安排人员对现金进行清查盘点,及时发现或防止差错和挪用、贪污、盗窃等不法行为的发生。如果出现长短款,必须及时查找原因。

3. 报销凭证的填写

报销业务是指企业在日常经营活动中发生的以报销形式结算的各种业务,如报销办公费、业务招待费和差旅费等。报销业务是出纳日常工作中最常见的业务之一,是出纳应掌握的重要业务技能。

费用报销通常包含事前过程和报销过程两个分步过程。事前过程是指费用产生前,其预算、审批或者预借的过程。报销过程是指费用发生后完整的费用报销流程。

员工办理报销业务的流程主要分为四步,出纳的工作重点在于审核付款,如图2-2-2所示。

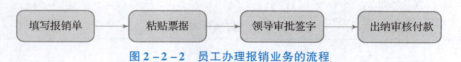

图2-2-2　员工办理报销业务的流程

报销单是员工报销与工作相关的支出款项时使用的单据,是企业内部自制单据,形式比较多样,但报销单上所应填写的项目都是类似的,如图2-2-3所示。

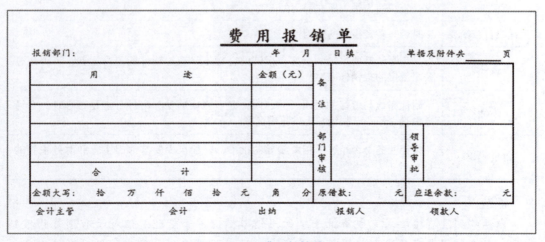

图2-2-3　费用报销单(1)

在实际工作中，报销单通常由需要报销费用的员工自行填写。报销单需填写的具体内容如表2-2-2所示。

表2-2-2 报销单

填写项目	填写内容	举例
填报日期	填写报销单当天的日期，填小写日期	2024年9月10日
报销人	报销人的姓名	王春
报销部门	报销人所在部门	销售部
用途	写明报销费用的具体用途	购买办公用品
金额	规范填写大小写金额，包括明细金额与合计金额	伍佰叁拾元整；530.00
附件	报销时所附发票张数	1
审批	部门主管、单位主管、财务主管等人的签字	金志华

4. 报销凭证的审核

员工报销时，要先填写报销单，并按企业规定办理相关的审核、审批手续，然后交由出纳审核付款。出纳收到报销单时，必须核实报销单上的要素是否完整，手续是否完备，附件是否合法，金额是否合理等。报销单审核内容如表2-2-3所示。

表2-2-3 报销单审核内容

审核项目	审核内容
报销日期	报销日期不能在提交报销单的日期之后，看是否与报账日期相近
报销人	是否写清楚报销人的名字
所属部门	是否填写报销人所在部门的名称
报销项目、摘要	是否写清楚报销的原因
金额	是否写清楚要报销的金额，报销的金额不得超过附件的汇总金额，不得超过公司规定的报销标准
附件	附件张数与填写的是否一致，附件是否真实合法，附件日期是否合理，合计金额是否不小于报销单上的报销金额
审批签字	报销业务是否经过了相关领导的批准，一般至少要有部门主管和财务主管的签字

提示：

出纳收到没有按要求完成审批手续的报销单，应不予受理。但对于有预算的报销项目，如果费用没有超出部门报销预算标准，可以不经过分管领导审批，直接由会计主管审批后报销。具体情况按各单位制度执行。

任务实施

（一）现金收入业务办理流程

出纳办理现金收入业务流程如图2-2-4所示。

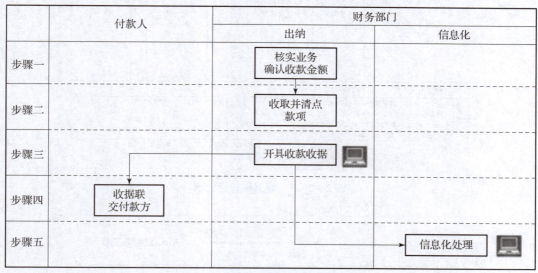

图2-2-4　现金收入业务流程

步骤一：核实业务，确认收款金额。

出纳办理现金收款业务时，必须先根据发生的经济业务或相关交款单据核实该业务的真实性、合法性，并确认应收取的金额。

步骤二：收取并清点款项。

收取现金，当面清点和检查现金真伪。在点钞时要注意识别假币。点钞无误后应唱收"收您××元"，然后将钱放入由出纳保管的钱柜，并对该笔款项的安全负责。

步骤三：开具收款收据。

（1）收取款项后，出纳根据业务内容和发票等单据，开具收款收据，并加盖财务专用章。增值税普通发票如图2-2-5所示。

（2）完成盖章操作。已盖章的收款收据如图2-2-6所示。

步骤四：收据联交付款方。

将加盖了财务专用章的收款收据第二联（收据联）交给付款人。

步骤五：信息化处理。

出纳员加盖了财务专用章的收款收据第三联（记账联）交给会计，会计编制记账凭证。

（二）现金支出业务办理流程

出纳办理现金支出业务流程如图2-2-7所示。

图2-2-5 增值税普通发票

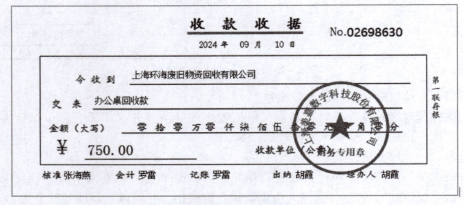

图2-2-6 已盖章的收款收据

步骤一：填写报销单。

销售部员工根据实际发生经济业务的原始凭证填写报销单，填写完毕的费用报销单如图2-2-8所示。

步骤二：粘贴单据。

报销人填写完报销单后，需要将本业务的相关发票粘贴在报销单后面。整理并粘贴原始凭证时需要注意以下几点：

（1）粘贴前：先将所有票据分类整理好，并准备好相关用具，如胶水、粘贴纸等。

（2）粘贴时：将胶水涂抹在票据左侧背面，沿着粘贴纸装订线内侧和粘贴纸的上、下、右三个边依次均匀排开横向粘贴，避免将票据贴出粘贴纸外。

（3）粘贴后：要确保所有单据必须贴紧，粘贴时应避免单据互相重叠，粘贴至粘贴单时应从右到左、由下到上均匀排列粘贴，确保上、下、右三面对齐，不出边。

项目2 日常资金收付管理

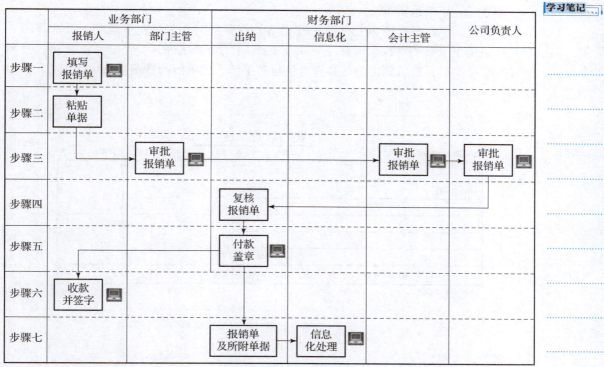

图2-2-7 现金支出业务流程

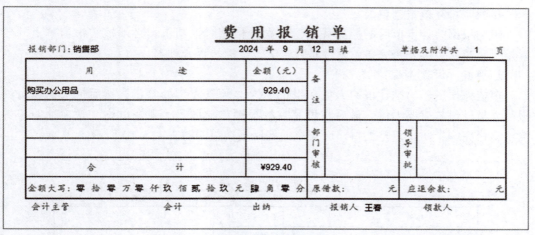

图2-2-8 费用报销单（2）

提示：

同类原始凭证数量较多、大小不一时，按照规格大小将同类型发票粘贴在一起的原则粘贴，票据比较多时可使用多张粘贴纸。

另外，对于比粘贴纸大的票据或其他附件，粘贴位置也应在票据左侧背面，沿装订线粘贴，超出部分可以按照粘贴纸大小折叠在粘贴纸范围之内。如果单据过小，可根据粘贴纸的尺寸多排粘贴。

· 43 ·

步骤三：审批报销单。

报销人员填写好报销单并粘贴完发票后，需要根据本单位制度规定，分别找相关领导在报销单上签字审批。通常是先由所在部门经理签字确认，经财务部审核，公司领导签字批准后，最后到出纳处办理有关报销手续。已审批的费用报销单如图 2-2-9 所示。

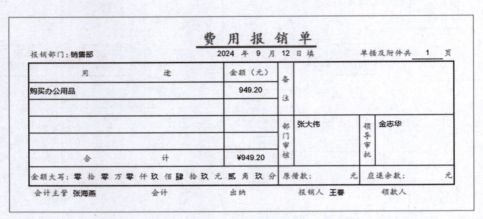

图 2-2-9　已审批的费用报销单

提示：

不同公司的报销审批制度是不一样的，报销人员在审批时需根据所在公司的相关制度办理报销手续。

步骤四：复核报销单。

出纳根据会计审核后的原始凭证，再次严格核对报销单，必须核实报销单上的要素是否完整，手续是否完备，附件是否合法，金额是否合理等。

步骤五：付款盖章。

审核无误后，出纳让报销人员在报销单的"领款人"处签字，然后把报销款付给报销人员，付款时要唱付，最后在付完款的报销单上加盖"现金付讫"章，证明报销款项支付完毕，防止重复支付。已盖章的费用报销单如图 2-2-10 所示。

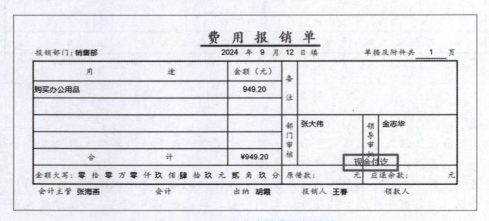

图 2-2-10　已盖章的费用报销单

步骤六：收款并签字。

由销售部员工在"领款人"处签字，已签字的费用报销单如图 2－2－11 所示。

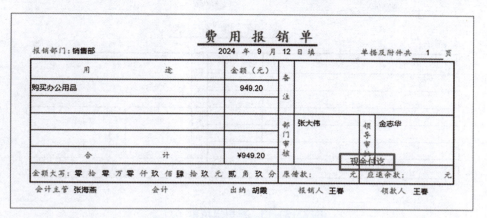

图 2－2－11　已签字的费用报销单

步骤七：信息化处理。

出纳将报销单及所附票据交给会计，会计编制记账凭证。

任务实训

1. 2024 年 9 月 15 日，上海美嘉数字科技股份有限公司销售部员工马元元因违反公司安全规定，被处罚款 500 元，马元元当日将现金交给出纳胡霞。要求：出纳填写收款收据（见图 2－2－12）。

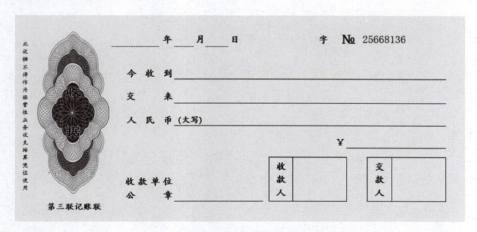

图 2－2－12　收款收据

2. 2024 年 9 月 12 日，上海美嘉数字科技股份有限公司行政部员工陈欣到农贸市场采购苹果 20 箱，用于公司员工福利，金额 800 元，取得增值税普通发票。陈欣持经领

学习笔记

导审批的费用报销单到财务部报销费用（苹果暂未发放，存放公司仓库）。要求：员工填写费用报销单（见图2-2-13），出纳支付款项。

费用报销单

报销部门：　　　　年　月　日填　　　　单据及附件共＿＿页

用途	金额（元）	备注			
		部门审核		领导审批	
合计					
金额大写：　拾　万　仟　佰　拾　元　角　分		原借款：　　元		应退余款：　　元	

会计主管　　会计　　出纳　　报销人　　领款人

图2-2-13　费用报销单（3）

任务 3　支票收支业务办理

任务描述

1. 2024 年 10 月 1 日，上海美嘉数字科技股份有限公司销售员马元元向上海中芯科技有限公司销售智能服务平台 SSP，当日财务部收到上海中芯科技有限公司签发的转账支票一张，相关业务单据如图 2-3-1~图 2-3-3 所示。

购销合同

合同编号：256983

购货单位（甲方）：上海中芯科技有限公司
供货单位（乙方）：上海美嘉数字科技股份有限公司

根据《中华人民共和国合同法》及国家相关法律、法规之规定，甲乙双方本着平等互利的原则，就甲方购买乙方货物一事达成以下协议：

一、货物的名称、数量及价格：

货物名称	规格型号	单位	数量	单价	金额	税率	价税合计
智能服务平台SSP		套	1	180,000.00	180,000.00	13%	203,400.00
合计（大写） 贰拾万叁仟肆佰元整							¥203,400.00

二、交货方式和费用承担：交货方式：__销货方送货__，交货时间：__2024年10月31日__ 前。
交货地点：__上海市黄浦区人民大道369号__，运费由 __供货方__ 承担。
三、付款时间与付款方式：__签订合同后，以转账支票方式一次性付款__
　　　　　　　　　　　．
四、质量异议期：订货方对供货方的货物质量有异议时，应在收到货物后 __10日__ 内提出，逾期视为货物质量合格。
五、未尽事宜经双方协商可作补充协议，与本合同具有同等效力。
六、本合同自双方签字、盖章之日起生效。本合同壹式贰份，甲乙双方各执壹份。

甲方（签章）：　　　　　　　　　　　　　乙方（签章）：
授权代表：黄中洋　　　　　　　　　　　　授权代表：金志远
地　　址：上海市黄浦区人民大道369号　　　地　　址：上海市黄浦区人民大道889号
电　　话：021-36262316　　　　　　　　　电　　话：021-54590759
日　　期：2024 年 10 月 1 日　　　　　　 日　　期：2024 年 10 月 1 日

图 2-3-1　购销合同

学习笔记

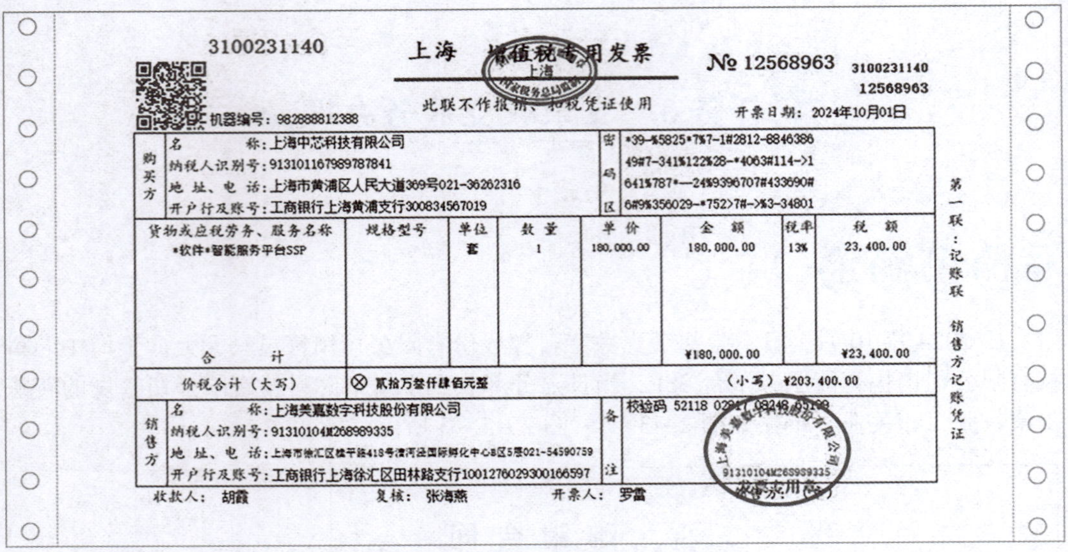

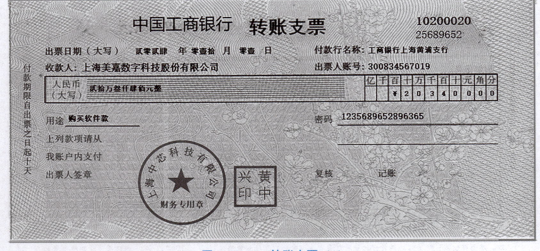

3100231140　　上海　增值税专用发票　№ 12568963　3100231140　12568963

此联不作报销、扣税凭证使用　　开票日期：2024年10月01日

机器编号：982888812388

购买方	名　　称：上海中芯科技有限公司 纳税人识别号：91310116798978784l 地 址、电 话：上海市黄浦区人民大道369号021-36262316 开户行及账号：工商银行上海黄浦支行300834567019				密码区	*39-%5825*7%7-1#2812-8846386 49#7-341%122%28-*4063#114->1 641%787*—24%9396707#433690# 6#9%356029-*752>7#->%3-34801		
货物或应税劳务、服务名称	规格型号	单位	数量	单价	金额	税率	税额	
*软件*智能服务平台SSP		套	1	180,000.00	180,000.00	13%	23,400.00	
合　　计					¥180,000.00		¥23,400.00	
价税合计（大写）	⊗贰拾万叁仟肆佰元整				（小写）¥203,400.00			
销售方	名　　称：上海美嘉数字科技股份有限公司 纳税人识别号：91310104M268989335 地 址、电 话：上海市徐汇区桂平路418号漕河泾国际孵化中心B区5层021-54590759 开户行及账号：工商银行上海徐汇区田林路支行1001276029300166597				备注	校验码 52118 02947 08248 05198		

收款人：胡霞　　复核：张海燕　　开票人：罗雷

第一联：记账联　销售方记账凭证

图 2－3－2　增值税专用发票（1）

中国工商银行　转账支票　10200020　25689652

出票日期（大写）　贰零贰肆　年　零壹拾　月　零壹　日　　付款行名称：工商银行上海黄浦支行

收款人：上海美嘉数字科技股份有限公司　　出票人账号：300834567019

人民币（大写）　贰拾万叁仟肆佰元整　　¥203400.00

用途　购买软件款　　密码　1235689652896365

上列款项请从我账户内支付

出票人签章　　复核　　记账

付款期限自出票之日起十天

图 2－3－3　转账支票（1）

出纳胡霞需要完成以下工作任务：

（1）审核转账支票。

（2）填写进账单。

（3）办理进账手续。

2. 2024 年 10 月 1 日，上海美嘉数字科技股份有限公司出纳胡霞签发中国工商银行转账支票（支票号：69853693），向上海宽频通信工程有限公司支付宽带费。相关业务单据如图 2－3－4 所示。

出纳胡霞需要完成以下工作任务：

（1）审核相关审批手续及发票。

（2）签发转账支票。

（3）登记支票登记簿。

项目2　日常资金收付管理

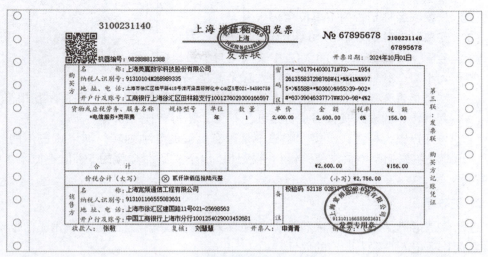

图 2-3-4　增值税专用发票（2）

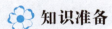 学习目标

（一）专业能力目标

1. 能够正确办理支票收款、付款业务，并能够根据相关原始凭证进行账务处理。
2. 能够根据工作任务，填制支票背面、进账单，办理支票收款业务。
3. 能够根据工作任务，填制支票，办理支票付款业务。

（二）职业素养目标

1. 了解并掌握相关的财务法规和会计制度规定。
2. 培养细致认真、遵守财务规范的工作态度。

（三）通用能力目标

1. 具备自我学习及解决问题的能力。
2. 具备计算机应用能力。
3. 具备良好的交流沟通能力。

知识准备

（一）支票收款业务内容

出纳收到转账支票后，需审核支票的内容，填写进账单，办理收款业务。

1. 审核转账支票

出纳接受转账支票，应注意审核以下内容：
（1）支票填写是否清晰，是否用墨汁或碳素墨水笔填写。

· 49 ·

(2) 收款人名称是否为本单位全称。
(3) 支票签发日期是否在10天的付款期内。
(4) 金额、日期是否书写正确,中文大写与小写是否一致。
(5) 大小写金额、签发日期和收款人有无更改。
(6) 签章是否清晰、齐全,出票人签章处加盖的印鉴是否与银行预留印鉴相符。
(7) 背书转让的支票其背书是否连续,有无"不得转让"字样。
(8) 与开户银行核实,出票人账户中是否有足够的款项划转。如果账户中的款项不足,出票人签发的是空头支票,银行有权处以出票人票面金额的5%但不低于1 000元的罚款。

2. 进账单

进账单是指持票人或收款人将票据款项存入收款人开户银行的账户凭证,也是银行将票据款项记入收款人账户的凭证。

收款人审核无误后,填写进账单,将支票连同进账单一并交给开户银行办理进账,经银行审核无误后,在进账单的第一联回单上加盖银行印章,退回收款人。

进账单一式三联,第一联为回单联,是开户银行交给持(出)票人的回单,如图2-3-5所示;第二联为贷方凭证联,由收款人开户银行作为贷方凭证,如图2-3-6所示;第三联为收账通知联,是收款人开户银行交给收款人的收账通知,如图2-3-7所示。

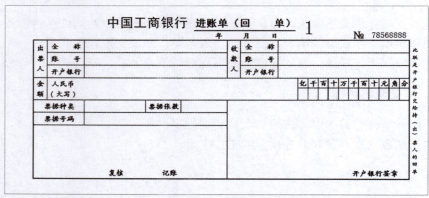

图2-3-5 进账单第一联

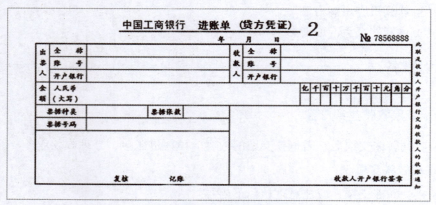

图2-3-6 进账单第二联

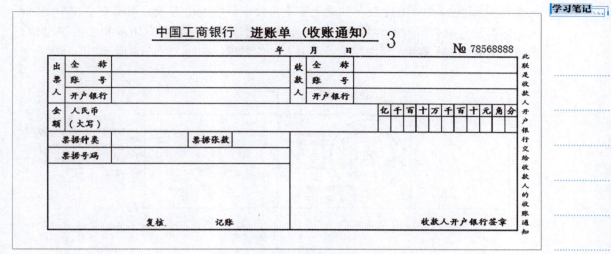

图 2-3-7 进账单第三联

进账单的填写要求如表 2-3-1 所示。

表 2-3-1 进账单的填写要求

填写项目	填写要求
单据日期	填写办理进账当天的日期
出票人全称	按支票上记载的出票人签章上的名称填写
出票人账号	按支票上记载的出票人账号填写
出票人开户银行	按支票上记载的付款行名称填写
收款人全称	填写收款单位的全称
收款人账号	填写收款单位的银行账号
收款人开户银行	填写收款单位开户银行的全称
单据金额	按支票的金额填写
票据种类	根据票据种类填写,如转账支票、银行汇票、银行本票等
票据张数	填写送存银行的票据张数
票据号码	填写送存银行票据的号码

3. 票据背书

票据背书是指票据的收款人或者持票人为将票据权利转让给他人或者将一定的票据权利授予他人行使而在票据背面或者粘单上记载有关事项并签章的行为。

背书人是指在转让票据时,在票据背面或粘单上签字或盖章,并将该票据交付给受让人的票据收款人或持有人。被背书人是指被记名受让票据或授受票据转让的人。背书后,被背书人成为票据新的持有人,享有票据的所有权利。

例如,上海美嘉数字科技股份有限公司收到一张票面金额为 20 万元的转账支票,

学习笔记

出票日期为 2024 年 3 月 1 日。如果上海美嘉数字科技股份有限公司将支票用于支付山东绘影科技有限公司的采购货款，需在支票背面加盖单位财务专用章和法人章（银行预留印鉴），在被背书人栏内签上被背书人单位名称，如图 2-3-8 所示。

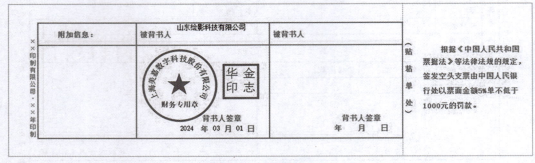

图 2-3-8 票据背书

（二）支票付款业务内容

1. 转账支票的填写规范

转账支票有正反两面：正面又分为左右两部分，左边为存根联（也称"支票头"），右边为正联（也称"支票联"），如图 2-3-9 所示；背面有三栏，左栏是附加信息，右栏是背书人签章栏，如图 2-3-10 所示。

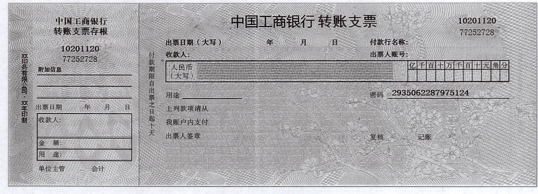

图 2-3-9 转账支票（2）

图 2-3-10 转账支票背面

转账支票应按规范填写,填写时应使用黑色或蓝黑色碳素笔,字迹要清晰工整,且不得涂改。转账支票填写规范如表2-3-2所示。

表2-3-2 转账支票填写规范

支票项目	填写规范
出票日期	1. 必须使用中文大写:零、壹、贰、叁、肆、伍、陆、柒、捌、玖、拾; 2. 为防止变造票据日期,在填写月、日时,月为壹、贰和壹拾的,日为壹至玖和壹拾、贰拾和叁拾的,应在其前加"零"; 3. 月为拾壹月、拾贰月,日为拾壹至拾玖的,应在其前面加"壹"
收款人	1. 收款人为全称,否则银行不予受理; 2. 收款人为单位时,填写单位全称; 3. 收款人为个人时,填写个人姓名
付款行名称、出票人账号	1. 填写出票单位开户银行名称及银行账号; 2. 填写要完全准确,错字或者漏字都会导致银行拒绝接收支票
出票金额	1. 金额分为大写和小写,二者必须一致; 2. 中文大写金额数字前应标明"人民币"字样,小写金额前要加"¥"符号
票据用途	没有具体规定,用途比较广泛,可填写如"货款""工程款"等,可根据实际发生的项目填写
盖章	1. 正面加盖银行预留印鉴,一般为财务专用章和法人章,缺一不可; 2. 出票人签章处加盖的印鉴应与银行预留印鉴相符; 3. 印章必须清晰,模糊作废
存根	与正联一致,存根联日期栏填写小写日期,收款人可用简称,金额栏直接填写小写金额,并在前面加"¥"

2. 签发转账支票的注意事项

(1)整张支票填写应准确无误,否则该支票作废;签发转账支票的同时,登记"支票领用登记簿",通过支票领用登记簿上的连号登记就能监控到每一张支票的领用和使用情况。

(2)支票左下方的空白处加盖本单位的银行预留印鉴(一般是单位财务专用章及法人代表章)。

(3)已签发的转账支票遗失,银行不受理挂失,可请求收款人共同防范。但是已签发的现金支票遗失,可以向银行申请挂失,挂失前已经支付的,银行不予受理。

(4)转账支票可以根据需要在票据交换区域内背书转让,背书是指在票据背面记载有关事项并签章的票据行为。

任务实施

(一)支票收款业务办理流程

出纳办理转账支票收款业务流程,如图2-3-11所示。

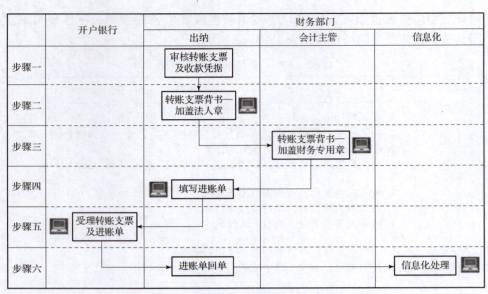

图 2-3-11 转账支票收款业务流程

步骤一：审核转账支票及收款凭据。

出纳收到转账支票后，首先应检查各填写项目是否符合要求。

步骤二：转账支票背书——加盖法人章。

（1）打开转账支票（背面），如图 2-3-12 所示。

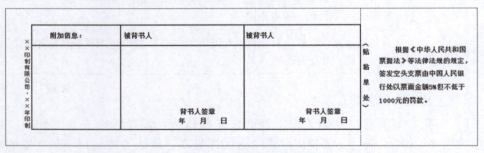

图 2-3-12 转账支票（背面）

（2）出纳在被背书人一栏里，填写本单位开户银行全称。选择法人印章，在背书人签章一栏里加盖法人章，填写日期，出纳背书完成的转账支票（背面）如图 2-3-13 所示。

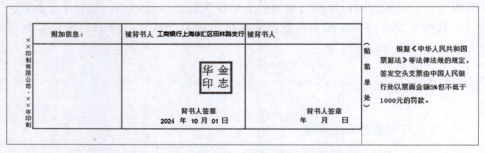

图 2-3-13 出纳背书完成的转账支票（背面）

步骤三：转账支票背书——加盖财务专用章。

会计主管打开转账支票（背面），加盖财务专用章，如图2－3－14所示。

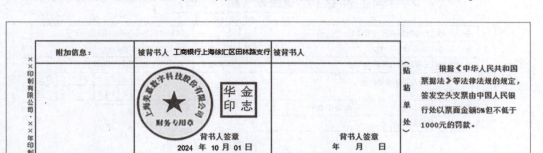

图2－3－14　加盖财务专用章的转账支票（背面）

步骤四：填写进账单。

出纳根据业务信息填写进账单，包括填单日期、出票人、收款人、金额、票据种类等信息，如图2－3－15所示。

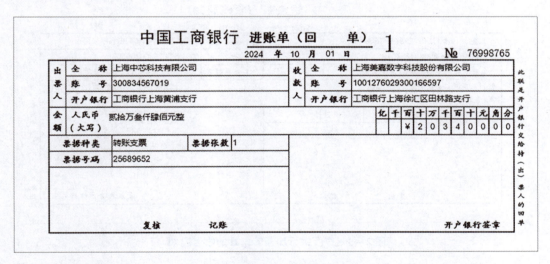

图2－3－15　进账单（1）

步骤五：受理转账支票及进账单。

（1）出纳将转账支票正联和进账单交给开户银行，委托银行收款。银行加盖转讫章的回单如图2－3－16所示。

（2）在"进账单（第三联收账通知）"加盖转讫章，如图2－3－17所示。

提示：有的银行要求在进账单第二联加盖银行受理章，有的银行不要求加盖印鉴，出纳需提前与开户银行沟通，了解开户银行的要求。

（3）银行将加盖转讫章的进账单回单或收账通知交给出纳。

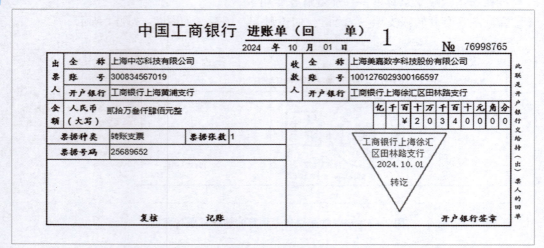

图 2-3-16 银行加盖转讫章的回单

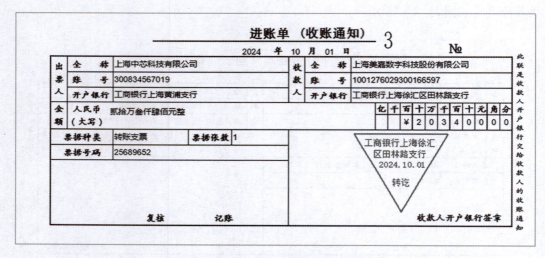

图 2-3-17 银行加盖转讫章的收账通知

步骤六：信息化处理。

银行办妥进账手续后，通知收款人收款入账，出纳将转账支票的进账单（回单）和相关单据交给会计，会计编制记账凭证。

（二）支票付款业务办理流程

出纳办理转账支票付款业务流程，如图 2-3-18 所示。

步骤一：填写付款申请单。

（1）行政专员根据实际发生经济业务的原始凭证填写付款申请单，如图 2-3-19 所示。

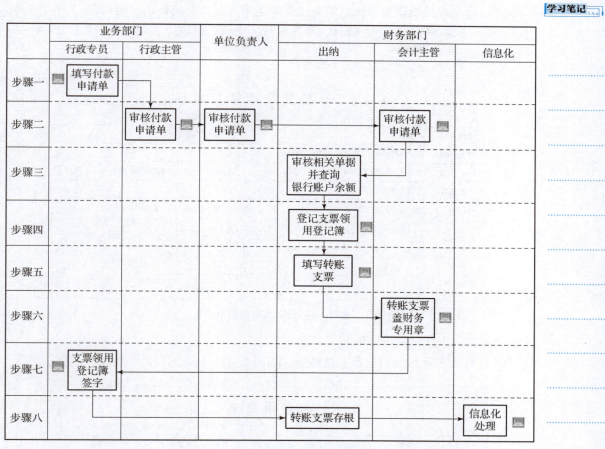

图 2-3-18　转账支票付款业务流程

图 2-3-19　付款申请单

(2) 行政专员根据业务信息填写付款申请单,包括申请日期、申请部门、申请人、付款原因、收款单位(人)、账号、开户银行、金额、付款方式等信息,如图 2-3-20 所示。

付款申请单

申请日期: 2024 年 10 月 01 日

申请部门	行政部		申请人	陈欣
付款原因	向上海宽频通信工程有限公司支付宽带费			
收款单位(人)	上海宽频通信工程有限公司		账号	10012540290003452681
开户银行	中国工商银行上海市分行			
金额(大写)	零佰 零拾 零万 贰仟 柒佰 伍拾 陆元 零角 零分		¥ 2 756.00	
付款方式	□现金 ☑支票 □银行汇票 □商业承兑汇票 □银行承兑汇票 □银行本票 □网银转账 □支付宝 □微信 □其他			
备注				
总经理		财务负责人		部门负责人

图 2-3-20 填写付款申请单

步骤二:审核付款申请单。

(1) 行政主管在部门负责人处签字,如图 2-3-21 所示。

付款申请单

申请日期: 2024 年 10 月 01 日

申请部门	行政部		申请人	陈欣
付款原因	向上海宽频通信工程有限公司支付宽带费			
收款单位(人)	上海宽频通信工程有限公司		账号	10012540290003452681
开户银行	中国工商银行上海市分行			
金额(大写)	零佰 零拾 零万 贰仟 柒佰 伍拾 陆元 零角 零分		¥ 2 756.00	
付款方式	□现金 ☑支票 □银行汇票 □商业承兑汇票 □银行承兑汇票 □银行本票 □网银转账 □支付宝 □微信 □其他			
备注				
总经理		财务负责人		部门负责人 刘洪江

图 2-3-21 部门负责人已签字的付款申请单

(2)"总经理""会计主管"岗位人员分别在"总经理"和"财务负责人"处签字,审核完成如图 2-3-22 所示。

步骤三:审核相关单据并查询银行账户余额。

出纳审核由持票人填制的付款申请单和相关单据,并查询企业基本账户的存款余额,以防止签发空头支票。在确定银行存款余额大于拟转账的金额时才可以签发转账支票。

步骤四:登记支票领用登记簿。

使用转账支票前,应先将转账支票的基础信息登记在支票领用登记簿上,如图 2-3-23 所示。

付款申请单

申请日期：2024 年 10 月 01 日

申请部门	行政部	申请人	陈欣
付款原因	向上海宽频通信工程有限公司支付宽带费		
收款单位(人)	上海宽频通信工程有限公司	账号	1001254029003452681
开户银行	中国工商银行上海市分行		
金额(大写)	零佰 零拾 零万 贰仟 柒佰 伍拾 陆元 零角 零分 ¥2 756.00		
付款方式	☐现金 ☑支票 ☐银行汇票 ☐商业承兑汇票 ☐银行承兑汇票 ☐银行本票 ☐网银转账 ☐支付宝 ☐微信 ☐其他		
备注			

总经理 金志华　　财务负责人 张海燕　　部门负责人 刘洪江

图 2-3-22　审核付款申请单

支票领用登记簿

支票类别：**转账支票**　　2024 年 10 月　　银行账号：1001276029300166597

日期		支票号码	支票用途	金额									领用人	报销日期		备注
月	日			千	百	十	万	千	百	十	元	角	分		月	日
10	01	69853693	支付宽带费					2	7	5	6	0	0			

图 2-3-23　支票领用登记簿 (1)

步骤五：填写转账支票。

(1) 打开转账支票（正面），出纳根据业务内容规范填写支票，日期、金额、用途等内容按支票的填制要求正确填写。

(2) 填写完成后，选择法人印章，加盖法人章，填写完成的转账支票（正面）如图 2-3-24 所示。

提示：支票可以用手写的方式来填写，也可以用支票打印机打印，填写务必规范完整。支票密码可以写，也可以不写，具体看单位申请支票时的申请要求。

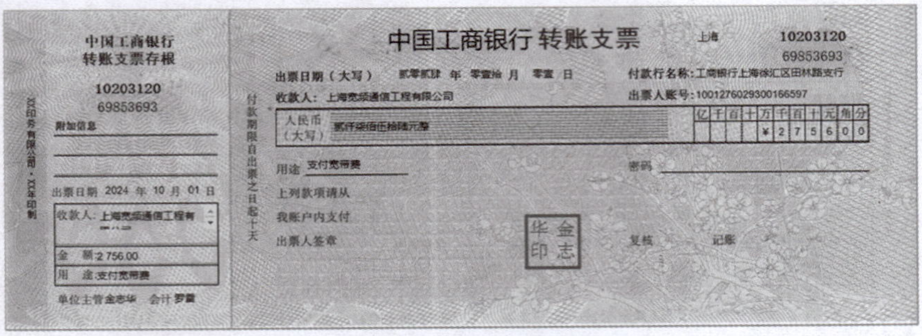

图 2-3-24 转账支票（正面）

步骤六：转账支票盖财务专用章。

出纳加盖法人章后，需要由会计主管加盖财务专用章。打开转账支票（正面），选择财务专用章，已盖章的转账支票（正面）如图 2-3-25 所示。

图 2-3-25 已盖章的转账支票（正面）

步骤七：支票领用登记簿签字。

将转账支票正联交给支票领用人时，需要领用人在支票领用登记簿上签字。打开支票领用登记簿，填写"领用人"和"报销日期"，如图 2-3-26 所示。

支票类别：转账支票			2024 年 10 月									银行账号：1001276029300166597			
日期		支票号码	支票用途	金额								领用人	报销日期		备注
月	日			千	百	十	万	千	百	十	元	角	分			月	日	
10	01	69853693	支付宽带费					2	7	5	6	0	0	陈欣	10	01	

图 2-3-26 已签字的支票领用登记簿

步骤八：信息化处理。

出纳将转账支票存根联和相关票据交给会计，会计编制记账凭证。

任务实训

1. 2024 年 7 月 15 日，北京电子制品开发有限公司向上海美嘉数字科技股份有限公司采购工业互联网平台。合同规定，北京电子制品开发有限公司开出转账支票 50 000 元作为预付款。

要求：出纳办理转账支票进账，并填写进账单（见图 2－3－27 和图 2－3－28）。

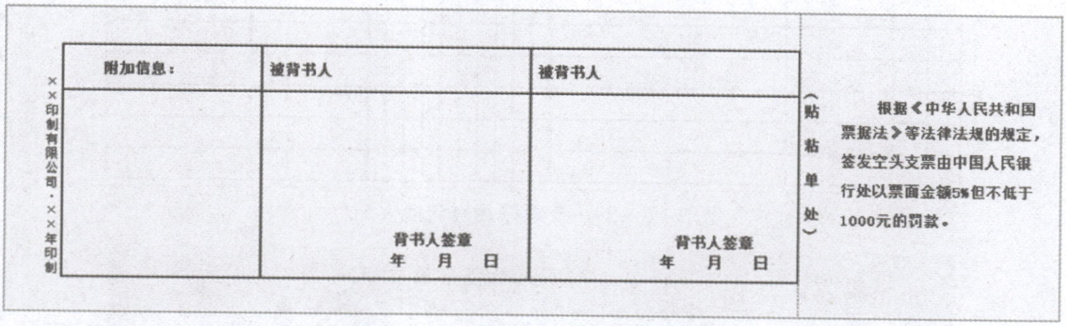

××印制有限公司·××年印制

附加信息：	被背书人	被背书人
	背书人签章 年　月　日	背书人签章 年　月　日

（贴粘单处）

根据《中华人民共和国票据法》等法律法规的规定，签发空头支票由中国人民银行处以票面金额5%但不低于1000元的罚款。

图 2－3－27　转账支票（背面）

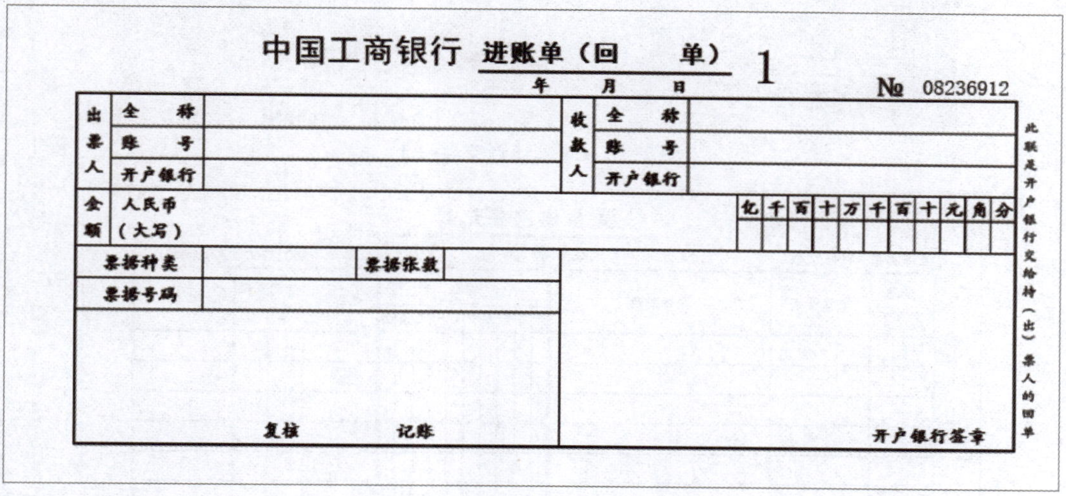

中国工商银行　进账单（回　单）　1

年　月　日　№ 08236912

出票人	全　称		收款人	全　称	
	账　号			账　号	
	开户银行			开户银行	
金额	人民币（大写）				亿 千 百 十 万 千 百 十 元 角 分
票据种类		票据张数			
票据号码					
复核　记账				开户银行签章	

此联是开户银行交给持（出）票人的回单

图 2－3－28　进账单（2）

2. 2024 年 10 月 1 日，上海美嘉数字科技股份有限公司向安格斯（上海）设备工程有限公司购入不需要安装的设备 1 台，收到对方开来的增值税专用发票，注明金额 100 000 元，增值税税额 13 000 元，设备已交付使用。双方协商采用转账支票结算方式支付货款，出纳当日签发转账支票（支票号 36952136）。

要求：出纳填写转账支票（见图 2－3－29～图 2－3－31）。

学习笔记

支票领用登记簿

支票类别：转账支票　　2024 年 10 月　　银行账号：10012760293001665971

日期		支票号码	支票用途	金额										领用人	报销日期		备注
月	日			千	百	十	万	千	百	十	元	角	分		月	日	

图 2-3-29　支票领用登记簿（2）

中国工商银行
转账支票存根
10201120
36952136
附加信息
出票日期　年　月　日
收款人：
金　额：
用　途：
单位主管　会计

中国工商银行 转账支票　地区　10201120 36952136
出票日期（大写）　年　月　日　付款行名称：
收款人：　出票人账号：
付款期限自出票之日起十天
人民币（大写）　亿 千 百 十 万 千 百 十 元 角 分
用途　密码
上列款项请从
我账户内支付
出票人签章　复核　记账

图 2-3-30　转账支票（3）

支票领用登记簿

支票类别：转账支票　　2024 年 10 月　　银行账号：10012760293001665971

日期		支票号码	支票用途	金额										领用人	报销日期		备注
月	日			千	百	十	万	千	百	十	元	角	分		月	日	

图 2-3-31　支票领用登记簿（3）

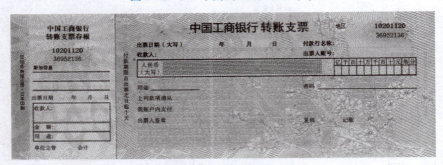

任务 4　银行本票收支业务办理

任务描述

1. 2024 年 10 月 10 日，上海美嘉数字科技股份有限公司销售部王春送交财务部一张银行本票，系本地客户上海中芯科技有限公司用于支付前欠货款，金额 160 000 元。出纳胡霞到银行办理进账。出纳胡霞需要完成以下任务：
（1）审核收到的银行本票。
（2）填写银行进账单，办理收款。

2. 2024 年 10 月 11 日，上海美嘉数字科技股份有限公司采购部向上海东方晶圆科技有限公司采购电脑 5 台，作为固定资产核算。当日收到对方开来的增值税专用发票，经协商，双方决定采用银行本票结算方式付款，出纳胡霞根据经批准的付款申请单到开户银行申请银行本票。出纳胡霞需要完成以下工作任务：
（1）填写"银行业务委托书"，向开户银行申请银行本票。
（2）将银行本票转交业务员，办理付款。

阅读材料

学习目标

（一）专业能力目标

1. 了解办理银行本票收、付款业务，并能根据相关原始凭证进行账务处理。
2. 掌握本票背书，填制银行进账单，办理银行本票收款业务。
3. 熟悉银行业务委托书，申请银行本票，办理银行本票付款业务。

（二）职业素养目标

1. 遵守职业道德准则，保持高度的职业操守。
2. 确保信息真实、准确、完整。

（三）通用能力目标

1. 具备终身学习能力。
2. 具备优秀的自我管理能力。
3. 具备良好的交流沟通能力。

知识准备

（一）银行本票收款业务内容

1. 银行本票概述

银行本票是申请人将款项交存银行，由银行签发的，承诺自己在见票时无条件支付确定金额给收款人或者持票人的票据。

银行本票按其金额是否固定可分为不定额和定额两种。

不定额银行本票是指凭证上金额栏是空白的，签发时根据实际需要填写金额（起点金额为 100 元），并用压数机压印金额的银行本票。不定额银行本票一式两联，第一联为卡片联，由出票行留存，结清本票时作为借方凭证的附件；第二联为本票联，如图 2-4-1 所示，出票行结清本票时用作借方凭证。

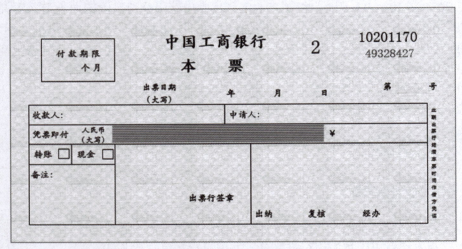

图 2-4-1 本票（1）

定额银行本票（一式一联）是指凭证上预先印有固定面额的银行本票。定额银行本票面额有 1 000 元、5 000 元、10 000 元和 50 000 元。

2. 银行本票的适用范围

银行本票适用于单位和个人在同城范围内的商品交易、劳务供应以及其他款项间的结算。

银行本票可以用于转账，注明"现金"字样的银行本票可以用于支取现金，但是申请人或收款人为单位的，不得申请签发现金银行本票。

想一想：在同城范围内结算的方式除了银行本票结算方式外还有哪些？

3. 银行本票的记载事项

（1）表明"银行本票"字样。

（2）无条件支付的承诺。

（3）确定的金额。

（4）收款人名称。
（5）出票日期。
（6）出票人签章。
欠缺上列记载事项之一的，银行本票无效。

4. 银行本票结算的基本规定

（1）银行本票的提示付款期限自出票日起最长不得超过2个月，逾期的银行本票，兑付银行不予受理，但可以在签发银行办理退款。

（2）银行本票一律记名，本票上注明收款人。

（3）银行本票允许背书转让，转让方称为背书人，接收方称为被背书人。

（4）不允许签发远期票据，提示付款期限为自出票日起两个月。

（5）银行本票见票即付。

5. 银行本票结算的基本流程

（1）申请签发银行本票。

申请人办理银行本票，应向银行填写"银行业务委托书"，详细填明收款人名称、金额、日期等内容，并加盖预留银行印鉴，如果是个体经营户和个人需要支取现金的，还应填明"现金"字样，然后递交本单位开户银行。未在银行开户的个人办理银行本票时，应先将现金送交银行出纳部门，再办理领取银行本票手续。

（2）签发银行本票。

银行受理申请银行本票业务委托书，在收妥款项后，据以签发银行本票。需支取现金的，在银行本票上划去"转账"字样，加盖印章，不定额银行本票要用压数机压印金额后，再将银行本票交给申请人。

（3）办理结算。

收款人收到付款人交来的银行本票，经审查后填写一式三联进账单，连同收到的银行本票，交本单位开户银行办理收款入账手续。收款人为个人的也可以持转账的银行本票经背书向被背书人的单位或个体经营户办理结算。带有"现金"字样的银行本票可以向银行支取现金。

6. 银行本票的退款和丧失

申请人因银行本票超过提示付款期限或其他原因要求退款时，应将银行本票提交到出票银行。申请人为单位的，应出具该单位的证明；申请人为个人的，应出具本人的身份证件。

出票银行对于在本行开立存款账户的申请人，只能将款项转入原申请人账户；对于现金银行本票和未在本行开立存款账户的申请人，才能退付现金。

银行本票丧失，失票人可以凭人民法院出具的其享有票据权利的证明，向出票银行请求付款或退款。

7. 银行本票收款业务

出纳收到银行本票后，审核本票的内容，填写进账单，办理收款业务。出纳审核的内容包括以下几方面：

（1）银行本票上的收款单位或被背书人是否为本单位，背书是否连续。

(2) 银行本票上加盖的本票专用章是否清晰,大小写出票金额是否一致。
(3) 银行本票是否在付款期限内。
(4) 银行本票上的各项内容是否符合规定。
(5) 必须记载的事项是否齐全。

提示:

被背书人受理银行本票时,除了审核以上项目外,还应注意审核:背书人签章是否符合规定;背书使用粘单是否按规定签章;背书人个人的身份证件。

(二) 银行本票付款业务内容

使用银行本票付款时应注意的问题如下:

(1) 企业不能申请使用现金银行本票,个人需要支取现金的,在银行本票上划去"转账"字样,加盖印章。

(2) 付款单位使用银行本票办理结算时,应向银行填写"业务委托书",如图2-4-2所示。委托人需填写委托人的全称、账号或地址、开户行名称,收款人的全称、账号或地址、开户行名称,汇款方式,支付金额,用途,支付密码,委托日期等事项。

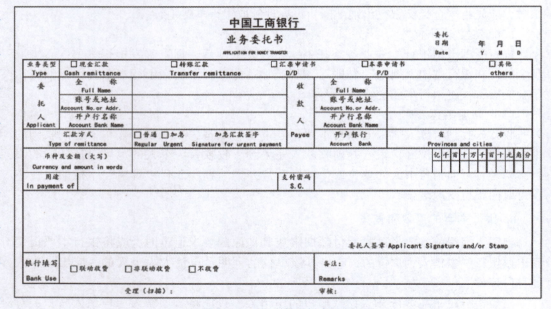

图2-4-2 业务委托书示例

不同银行的银行业务委托书格式不尽相同,本书以中国工商银行的业务委托书为例。业务委托书为一联,分为左右两部分,左边是业务委托书正本,右边是回执联。正本交银行留存;回执联为银行受理通知书,若委托人申请汇票或本票业务,应凭此联领取汇票或本票,委托人单位会计根据回执联进行记账。

银行业务委托书的填写要求如表2-4-1所示。

表 2-4-1　银行业务委托书的填写要求

填写项目	填写要求
委托日期	填写办理业务委托的日期
业务类型	按照要申请的单据类型，相应选择的业务类型
委托人全称、账号或地址、开户行名称	按照委托人的信息填写公司全称、账号或地址、开户行名称
收款人全称、账号或地址、开户行名称、开户银行	按照收款人的信息填写公司全称、账号或地址、开户行名称，注明开户银行所在省市
汇款方式	可以选择"普通"或"加急"，加急汇款需要经办人签字
币种及金额	按照付款申请书金额填写
用途	按照付款申请书付款原因填写，例如"支付货款""购买材料"
委托人签章	加盖委托人银行预留印鉴
回执联	填写委托人全称、委托人账号、收款人全称、收款人账号、金额、委托日期和用途

任务实施

（一）银行本票收款业务办理流程

出纳办理银行本票收款业务流程如图 2-4-3 所示。

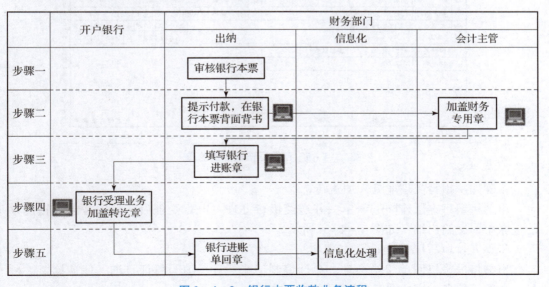

图 2-4-3　银行本票收款业务流程

步骤一：审核银行本票。

出纳审核收到的银行本票所记载的收款单位或被背书人名称、印鉴、金额以及付款期限等内容是否完整、准确。

步骤二：提示付款，在银行本票背面背书。

出纳向银行提示付款，需在银行本票背面的"持票人向银行提示付款签章"处加盖银行预留印鉴，由财务主管加盖财务专用章，加盖完成后如图2-4-4所示。

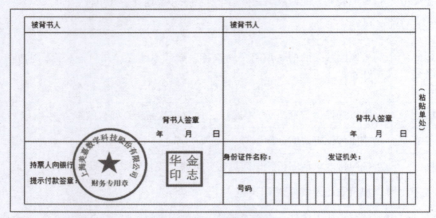

图2-4-4　银行本票背面背书

步骤三：填写银行进账单。

由出纳根据银行本票填制银行进账单，填写日期、出票人信息、收款人信息、大小写金额、本票票据信息等，填写完成如图2-4-5所示。

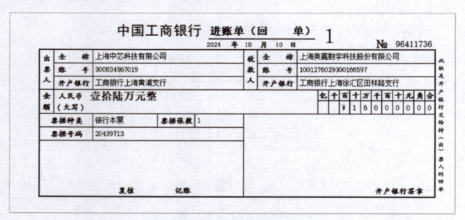

图2-4-5　已填写信息的进账单

步骤四：银行受理业务，加盖转讫章。

出纳将银行本票连同进账单一并送交银行办理。银行受理后，将加盖银行转讫章的进账单回交给出纳，如图2-4-6所示。

步骤五：填写记账凭证。

出纳将进账单回单交给会计，会计编制记账凭证，填写凭证日期、凭证摘要、科目、金额等信息，完成业务办理。

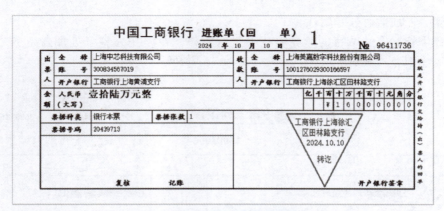

图 2-4-6 已盖章的进账单

（二）银行本票付款业务办理流程

步骤一：填写银行业务委托书。

（1）打开业务委托书，出纳按照业务内容填写银行业务委托书正联，包括委托日期、委托人信息、收款人信息、金额大小写、用途等。

（2）在委托人签章处加盖法人章，盖章完成如图 2-4-7 所示。

图 2-4-7 已盖法人章的业务委托书

步骤二：加盖财务专用章。

会计主管对出纳填写的业务委托书进行审核，在委托人签章处加盖财务专用章，盖章完成如图2-4-8所示。

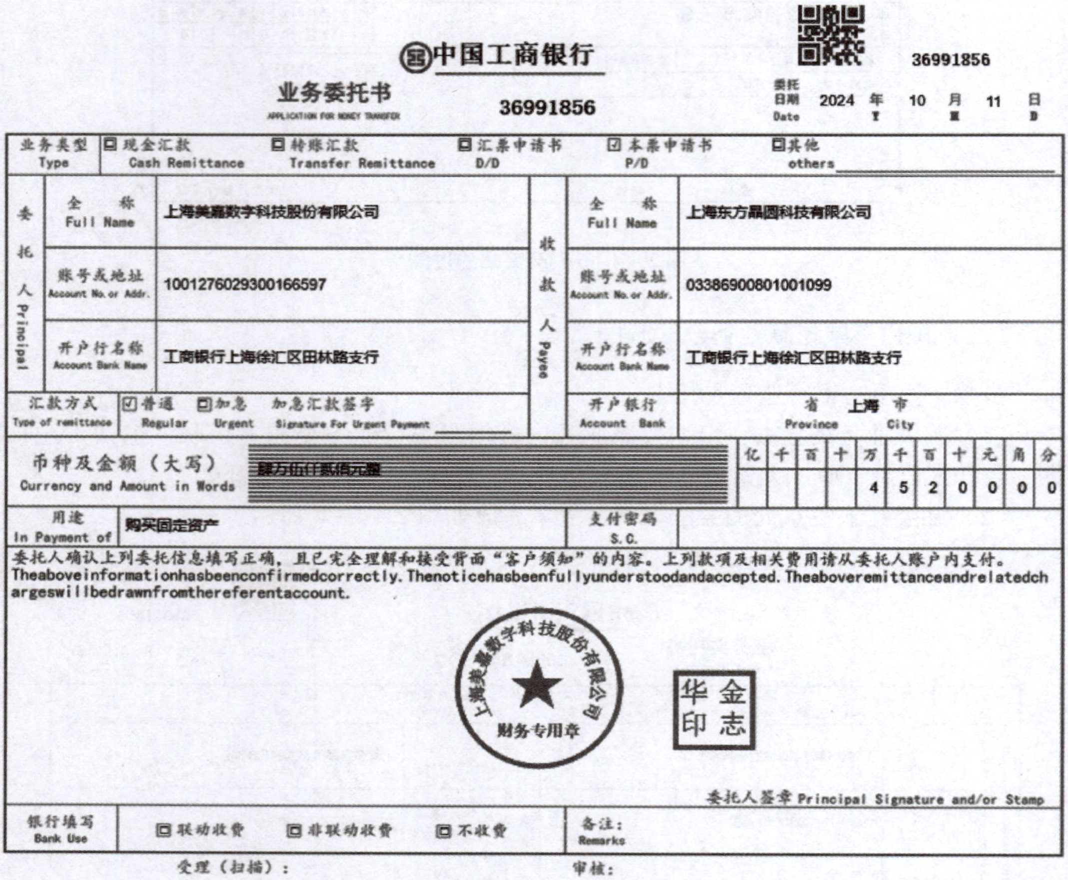

图2-4-8 已盖财务专用章的业务委托书

步骤三：签发银行本票。

（1）开户银行对单位提交的业务委托书进行审核，审核通过后，将业务委托书回执联交给单位，加盖"业务受理章"，盖章完成如图2-4-9所示。

（2）根据单位申请签发银行本票，填写出票日期、收款人、申请人、大小写金额等信息，并且加盖好"本票专用章"，如图2-4-10所示。

步骤四：将银行本票交收款单位。

开户银行签发银行本票后，出纳到银行领取业务委托书回执联和银行本票，将银行本票（第二联）交给采购员，由采购员交给收款单位。

步骤五：信息化处理。

出纳将采购发票、付款申请单、业务委托书回执联交给会计，会计编制记账凭证。

学习笔记

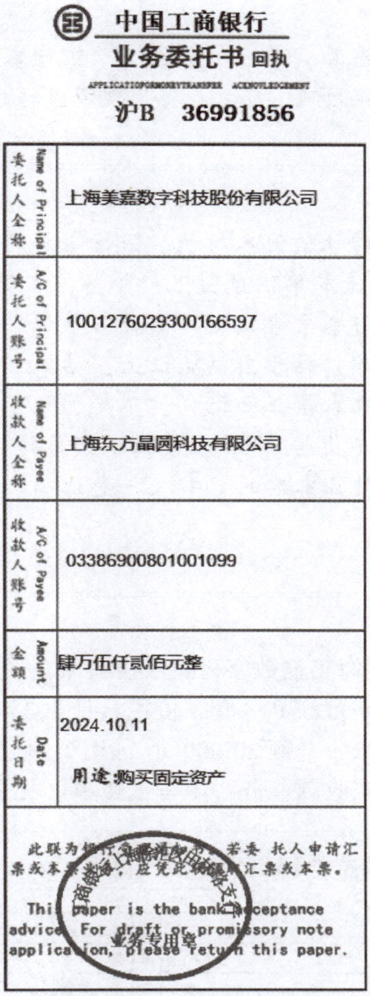

中国工商银行

业务委托书 回执

APPLICATIONFORMONEYTRANSFER ACKNOWLEDGEMENT

沪B　36991856

委托人全称 Name of Principal	上海美嘉数字科技股份有限公司
委托人账号 A/C of Principal	1001276029300166597
收款人全称 Name of Payee	上海东方晶圆科技有限公司
收款人账号 A/C of Payee	03386900801001099
金额 Amount	肆万伍仟贰佰元整
委托日期 Date	2024.10.11 用途:购买固定资产

此联为银行受理回单。若委托人申请汇票或本票，应凭此联领取汇票或本票。

This paper is the bank acceptance advice. For draft or promissory note application, please return this paper.

业务专用章

图 2-4-9　业务委托书回执

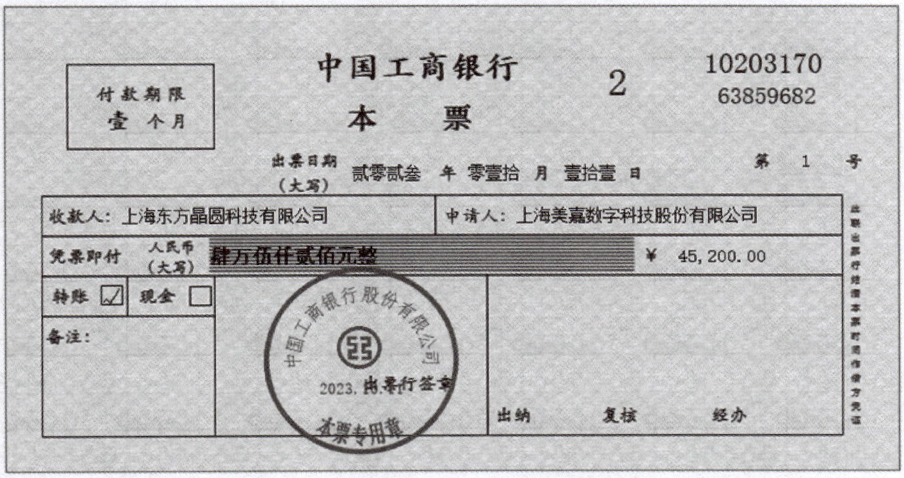

付款期限 壹 个月

中国工商银行 本票 2

10203170

63859682

出票日期（大写）贰零贰叁 年 零壹拾 月 壹拾壹 日　　第 1 号

收款人：上海东方晶圆科技有限公司	申请人：上海美嘉数字科技股份有限公司
凭票即付 人民币（大写）肆万伍仟贰佰元整	¥ 45,200.00
转账 ☑　现金 ☐	
备注：	出纳　复核　经办

中国工商银行股份有限公司 本票专用章

出票行签章

图 2-4-10　本票（2）

提示：

因银行本票是办理全额结算，若应付金额小于银行本票票面金额，则应由收款方以现金或支票的形式退回差额款项。反之也可用现金或转账支票补足款项。

知识链接

持票人可以将票据权利转让给他人行使。银行本票的持有人转让本票，应在本票背面"背书"栏内背书，加盖本单位预留银行印鉴，注明背书日期，在"被背书人"栏内填写受票单位名称，并将本票直接交给被背书单位。票据凭证不能满足背书人记载事项的需要，可以加附粘单，粘于票据凭证上，粘单上的第一记载人应当在本票和粘单的连接处签章。出票人在本票正面记载"不得转让"的本票，不得背书转让。背书人也可以在背书时注明"不得转让"，以禁止本票再转让。本票背书转让必须连续。背书连续是指在票据转让中转让本票的背书人与受让本票的被背书人在本票上的签章依次前后衔接。

任务实训

1. 2024年9月5日，上海美嘉数字科技股份有限公司与上海中芯科技有限公司签订销售合同，销售智能服务平台SSP一套，价税合计203 400元，商品尚未发出，当天收到对方开来的银行本票一张，金额20 000元，用于预付货款。

要求：出纳办理银行本票收款业务，填写进账单（见图2-4-11）。

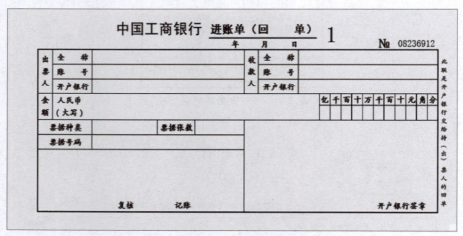

图2-4-11 进账单

2. 2024年9月17日，上海美嘉数字科技股份有限公司行政部向上海东方晶圆科技有限公司购买移动硬盘10个，由于金额较低，一次性计入管理费用。当日收到对方开具的增值税专用发票，注明价款5 100元，增值税税额663元。上海美嘉数字科技股份有限公司将本月10日收到的昆山合生光学电子有限公司交来的银行本票背书转让给上海东方晶圆科技有限公司用于支付货款，金额5 000元，剩余金额使用转账支票支付。

要求：出纳背书转让银行本票，填写转账支票（见图2-4-12）。

学习笔记

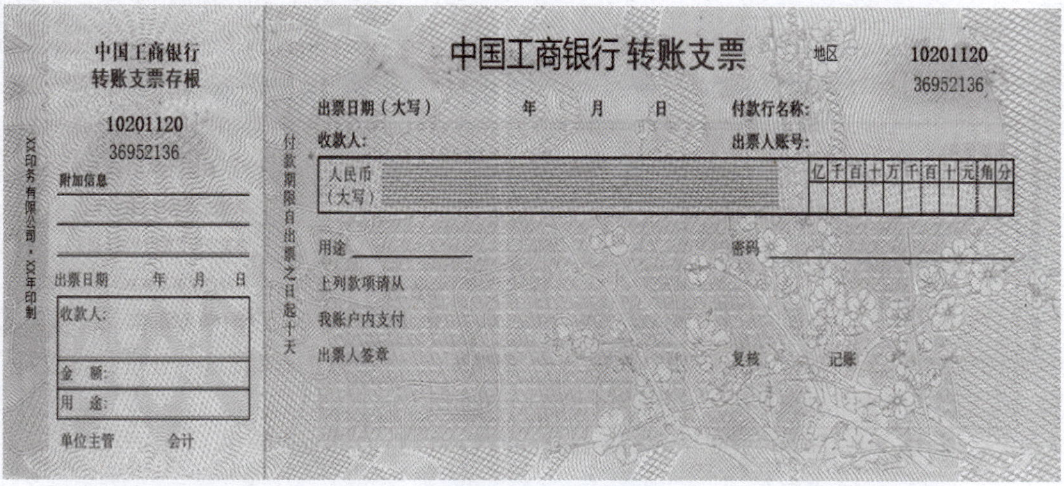
中国工商银行
转账支票存根
10201120
36952136
附加信息
出票日期　年　月　日
收款人:
金　额:
用　途:
单位主管　会计

XX印务有限公司・XX年印制

付款期限自出票之日起十天

中国工商银行 转账支票　地区　10201120
36952136
出票日期（大写）　年　月　日　付款行名称:
收款人:　出票人账号:

人民币（大写）	亿	千	百	十	万	千	百	十	元	角	分

用途　密码
上列款项请从
我账户内支付
出票人签章　复核　记账

图2-4-12　转账支票

任务5 银行汇票收支业务办理

任务描述

1. 2024年10月12日，上海美嘉数字科技股份有限公司出纳胡霞收到北京电子制品开发有限公司交来的银行汇票和解讫通知，用来偿还上月所欠的135 600元，汇票金额为150 000元。出纳胡霞需要完成以下任务：

（1）审核收到的银行汇票。
（2）填写银行进账单。
（3）办理进账手续。

2. 2024年10月13日，上海美嘉数字科技股份有限公司向山东绘影科技有限公司购买一项专利技术，作为无形资产核算，取得增值税专用发票，专利技术已验收并开始使用。双方协商采用银行汇票结算方式付款。出纳胡霞需要完成以下工作任务：

（1）填写银行业务委托书。
（2）将银行汇票转交业务员，办理付款。

学习目标

（一）专业能力目标

1. 了解办理银行汇票收、付款业务，并能够根据相关原始凭证进行账务处理。
2. 掌握汇票背书，填制银行进账单，办理银行本票收款业务。
3. 熟悉银行业务委托书，申请银行汇票，办理银行汇票付款业务。

（二）职业素养目标

1. 遵守职业道德准则，保持高度的职业操守。
2. 确保信息真实、准确、完整。

（三）通用能力目标

1. 具备终身学习能力。
2. 具备优秀的自我管理能力。
3. 具备良好的交流沟通能力。

知识准备

出纳收到银行汇票后，需审核汇票的内容，填写汇票实际结算金额以及进账单，办理收款业务。

（一）银行汇票的审核内容

（1）收款人或被背书人是否确为本单位。
（2）银行汇票是否在付款期内，日期、金额等填写是否准确无误。
（3）印章是否清晰，压数机压印的金额是否清晰。
（4）银行汇票和解讫通知是否齐全、相符。
（5）汇款人或背书人的证明或证件是否无误，背书人证件上的姓名与其背书是否相符。
（6）应记载的事项是否齐全。

（二）填写银行汇票结算金额时应注意的问题

（1）在出票金额以内，根据实际需要的款项办理结算，将实际结算金额和多余金额准确、清晰地填入银行汇票解讫通知的有关栏内，未填明实际结算金额和多余金额的，银行不予受理。
（2）全额解付的银行汇票，应在"多余金额"栏填"0"。

（三）填写进账单的基本要求

持票人填写银行进账单时，必须清楚地填写票据种类、票据张数、收款人名称、收款人开户银行及账号、付款人名称、付款人开户银行及账号、票据金额等栏目，并连同银行汇票一并交给银行经办人员，银行受理后加盖转讫章并退给持票人，持票人凭此记账。

（四）银行汇票申请

企业在使用银行汇票时应填写"银行结算业务委托书"（或银行汇票申请书），注明委托人、收款人的单位名称、开户银行、账号、汇款用途、金额等，并在结算业务委托书上加盖汇款人预留银行印鉴，由银行审查后签发银行汇票。

（五）银行汇票签发

签发银行受理"业务委托书"，经过验对"业务委托书"的内容和印鉴，并在办妥转账或收妥现金后，即可向申请人签发银行汇票。如个体经济户或个人需要支取现金的，应在"汇款金额"栏先填写"现金"字样，后填写汇款金额，再加盖印章，并用压数机压印汇款金额，将银行汇票的解讫通知交汇款人。

（六）办理结算

汇款单位持"银行汇票"和"解讫通知"直接去办理结算，交由指定收款单位或收款人于银行汇票背书后，向兑付银行办理转账结算，多余金额由签发银行退交汇款单位。

提示：不同银行业务委托书（银行汇票申请书）的格式不尽相同，具体填写要求需了解开户银行的要求。

(七) 银行汇票的记载事项

(1) 表明"银行汇票"的字样。
(2) 无条件支付的承诺。
(3) 出票金额。
(4) 付款人名称。
(5) 收款人名称。
(6) 出票日期。
(7) 出票人签章。
欠缺上列记载事项之一的,银行汇票无效。

任务实施

(一) 银行汇票收款业务办理流程

出纳办理银行汇票收款业务流程如图 2-5-1 所示。

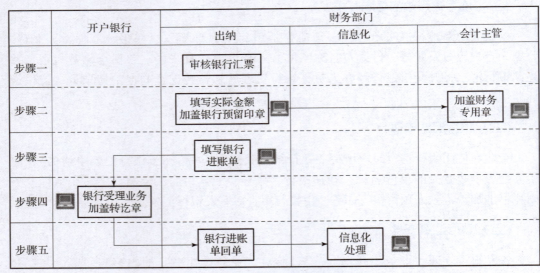

图 2-5-1 银行汇票收款业务流程

步骤一:审核银行汇票。

出纳审核收到的银行汇票收款人或被背书人名称、付款期限、金额以及印鉴等内容是否完整、准确。

步骤二:填写实际金额,加盖银行预留印鉴。

(1) 打开银行汇票(正面)。

(2) 出纳根据业务内容规范地填写银行汇票的日期、金额、用途等内容,按汇票的填制要求正确填写,如图 2-5-2 所示。

学习笔记

中国工商银行
银行汇票 2
10200010
15023602

出票日期（大写） 贰零贰肆 年 零壹拾 月 壹拾贰 日
代理付款行： 行号：
收款人：上海美嘉数字科技股份有限公司
出票金额 人民币（大写） 壹拾伍万元整
实际结算金额 人民币（大写） 壹拾叁万伍仟陆佰元整

亿	千	百	十	万	千	百	十	元	角	分
		¥	1	3	5	6	0	0	0	0

申请人：北京电子制造开发有限公司
账号：861580122210008
出票行：中国工商银行北京 行号：125369852
备注：
密押：
凭票付款
出票行签章

多余金额

千	百	十	万	千	百	十	元	角	分
		¥	1	4	4	0	0	0	0

复核 记账

提示付款期限自出票之日起壹个月

此联代理付款行付款后作联行往账借方凭证附件

125369852 汇票专用章

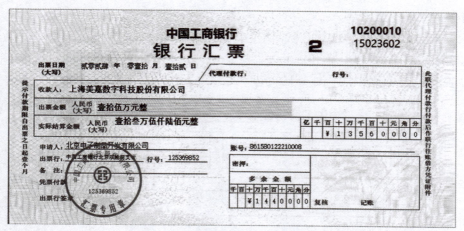

图2－5－2 银行汇票（正面）

（3）打开银行汇票（背面），填写日期并加盖法人章，如图2－5－3所示。

被背书人
背书人签章
年 月 日
被背书人
背书人签章
年 月 日
持票人向银行
提示付款签章：
华金
印志
身份证件名称： 发证机关：
号 码
（粘贴单处）

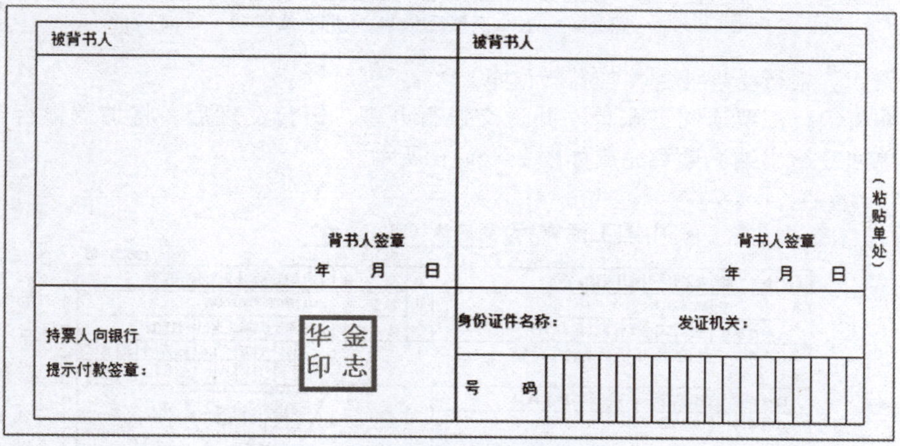

图2－5－3 银行汇票（背面）

（4）会计主管加盖财务专用章，盖章完成如图2－5－4所示。

被背书人
背书人签章
年 月 日
被背书人
背书人签章
年 月 日
持票人向银行
提示付款签章：
华金
印志
身份证件名称： 发证机关：
号 码
（粘贴单处）
美嘉数字科技股份有限公司 财务专用章

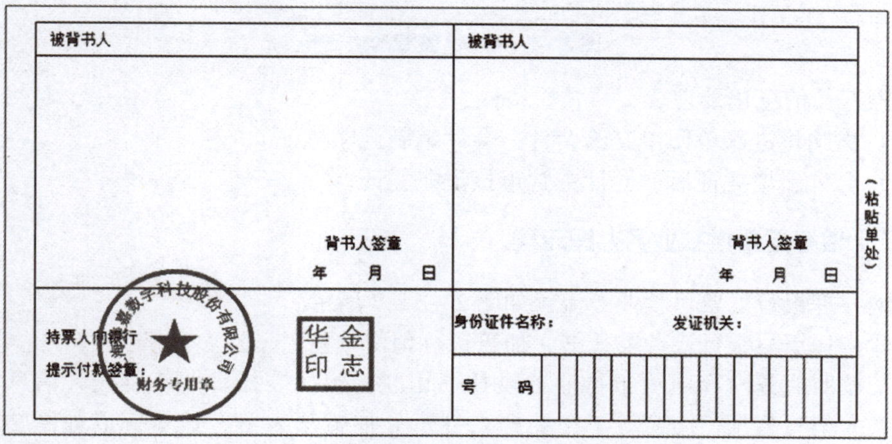

图2－5－4 已盖财务专用章的银行汇票（背面）

步骤三：填写进账单。

（1）打开银行进账单（第一联回单）。

（2）出纳根据银行汇票填制银行进账单，填写日期、出票人信息、收款人信息、大小写金额、汇票票据信息等，填写完成如图2-5-5所示。

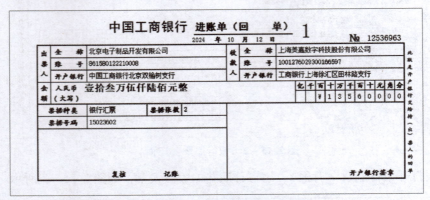

图2-5-5 已填写信息的进账单

步骤四：银行受理业务，加盖转讫章。

出纳将银行汇票连同进账单一并送交银行办理。银行受理后，将加盖银行转讫章的进账单回交给出纳，盖章完成如图2-5-6所示。

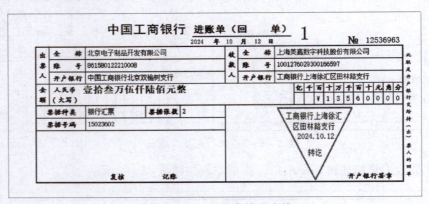

图2-5-6 已盖章的进账单

步骤五：信息化处理。

（1）出纳将进账单回单交给会计，会计编制记账凭证。

（2）会计新增凭证后，会计主管审核记账凭证。

（二）银行汇票付款业务办理流程

出纳办理银行汇票付款业务流程如图2-5-7所示。

步骤一：填写银行业务委托书，加盖银行预留印鉴。

出纳按照业务内容填写银行业务委托书正联，包括委托日期、委托人信息、收款人信息、大小写金额、用途等。在委托人签章处加盖法人章，盖章完成如图2-5-8所示。

项目2　日常资金收付管理

开户银行	财务部门		
	出纳	会计主管	信息化
步骤一	填写银行业务委托书加盖银行预留印鉴		
步骤二		加盖银行预留印鉴	
步骤三	银行受理银行业务委托书并开出银行汇票		
步骤四	收到银行汇票及加盖银行受理章的银行业务委托书回执		
步骤五			信息化处理

图2-5-7　银行汇票付款业务流程

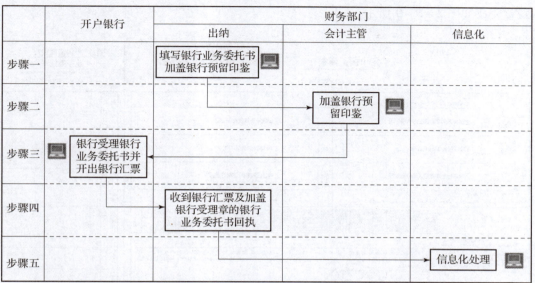

图2-5-8　已盖法人章的业务委托书

步骤二：加盖银行预留印鉴。

会计主管对出纳填写的业务委托书进行审核，并在委托人签章处加盖财务专用章，盖章完成如图2-5-9所示。

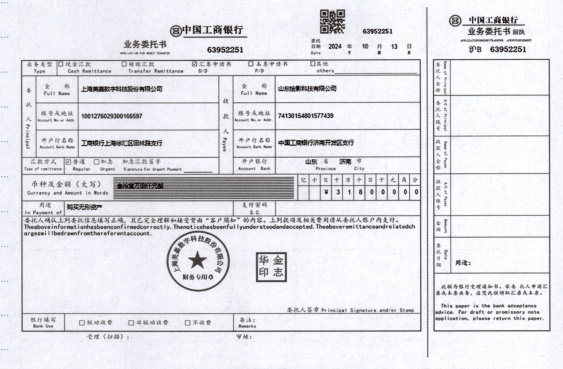

图2-5-9 已盖财务专用章的业务委托书

步骤三：银行受理银行业务委托书并开出银行汇票。

（1）开户银行对单位提交的业务委托书进行审核，审核通过后，将业务委托书回执联交给单位。业务委托书回执如图2-5-10所示。

（2）打开银行汇票（第二联），开户银行根据单位申请签发银行汇票，填写出票日期、收款人、出票金额、申请人、账号、出票行、行号等信息，并加盖汇票专用章，如图2-5-11所示。

（3）签好银行汇票（第三联），如图2-5-12所示。

步骤四：收到银行汇票及加盖银行受理章的银行业务委托书回执。

开户银行签发银行汇票后，银行将银行汇票第二联（汇票联）、第三联（解讫通知联）和业务委托书回执联交给出纳，出纳将银行汇票第二联（汇票联）、第三联（解讫通知联）交给业务员，由业务员交给收款单位。

步骤五：信息化处理。

（1）出纳将采购发票、业务委托书回执联交给会计，会计编制记账凭证。

（2）会计主管审核记账凭证。

中国工商银行
业务委托书 回执
APPLICATION FOR MONEY TRANSFER ACKNOWLEDGEMENT

沪B 63952251

委托人全称	上海美嘉数字科技股份有限公司
委托人账号	1001276029300166597
收款人全称	山东绘影科技有限公司
收款人账号	741301548011577439
金额	叁拾壹万捌仟元整
委托日期	2024-10-13
用途	购买无形资产

此联为银行受理通知书，委托人申请汇票或本票业务，应凭此联领取汇票或本票。

This paper is the bank acceptance advice. For draft or promissory note application, please return this paper.

图 2-5-10　业务委托书回执

中国工商银行 银行汇票（第二联）

10203740
23652312

出票日期（大写）：贰零贰肆 年 零壹拾 月 壹拾叁 日
收款人：山东绘影科技有限公司
出票金额（大写）：叁拾壹万捌仟元整
申请人：上海美嘉数字科技股份有限公司
出票行：工商银行上海普陀区甲井支行
行号：089423588477
账号：1001276029300166597

图 2-5-11　银行汇票（第二联）

图 2-5-12 银行汇票（第三联）

知识链接

银行本票与银行汇票的不同点和相同点如表 2-5-1 所示。

表 2-5-1 银行本票与银行汇票的不同点和相同点

项目	银行本票	银行汇票
不同点	1. 概念：银行本票是银行签发，承诺自己在见票时无条件支付确定金额给收款人或持票人的票据	1. 概念：银行汇票是指银行签发的汇票，一般由汇款人将款项交存当地银行，由银行签发给汇款人去办理转账结算或支取现金
	2. 当事人：出票人、收款人	2. 当事人：出票人、收款人、付款人
	3. 提示付款期限：2 个月	3. 提示付款期限：1 个月
	4. 起点金额：100 元	4. 起点金额：无限制
相同点	1. 都是银行结算方式； 2. 既可用于转账，也可用于支取现金； 3. 单位和个人都可使用，但是单位不得使用注明"现金"字样的银行本票和汇票； 4. 本票和汇票一律记名； 5. 都可背书转让	

任务实训

1. 2024 年 10 月 12 日，上海美嘉数字科技股份有限公司向浙江未来光电仪器有限公司销售工业互联网平台，增值税专用发票注明的价款为 160 000 元，增值税税率为 13%，收到一张出票金额 200 000 元的银行汇票。

要求：出纳办理银行汇票进账手续（进账单见图 2-5-13）。

学习笔记

中国工商银行 进账单（回　单） 1

年　月　日　　№

出票人	全　称		收款人	全　称	
	账　号			账　号	
	开户银行			开户银行	
金额	人民币（大写）				亿 千 百 十 万 千 百 十 元 角 分
票据种类		票据张数			
票据号码					
复核　记账			开户银行签章		

此联是开户银行交给持（出）票人的回单

图 2－5－13　进账单

2. 2024 年 10 月 14 日，上海美嘉数字科技股份有限公司以面额 200 000 元的银行汇票支付服务器的价款及税款，增值税专用发票注明的价款为 150 000 元，增值税税率为 13%，服务器作为固定资产核算，已验收完毕。

要求：补全相关银行汇票，并用银行汇票支付款项（银行汇票见图 2－5－14）。

中国工商银行

银行汇票（多余款收账通知） 4　　10200040 09889339

出票日期（大写）	贰零贰肆 年 零壹拾 月 壹拾肆 日	代理付款行：工商银行上海徐汇区田林路支行	行号：089423588477
收款人：	浙江金鹏电子科技集团公司		
出票金额	人民币（大写）贰拾万元整		
实际结算金额	人民币（大写）		亿 千 百 十 万 千 百 十 元 角 分
申请人：	上海美嘉数字科技股份有限公司	账号：	1001276029300166597
出票行：	工商银行上海徐汇区田林路支	行号：	089 23588477
备注：		密押：	
出票行签章		多余金额（千 百 十 万 千 百 十 元 角 分）	退回多余金额已收入你账户内。
	2024 年 10 月 14 日		复核：XXX　记账：XXX

提示付款期限自出票之日起一个月

此联由出票行结清多余款后交申请人

中国工商银行股份有限公司 汇票专用章 089423588477

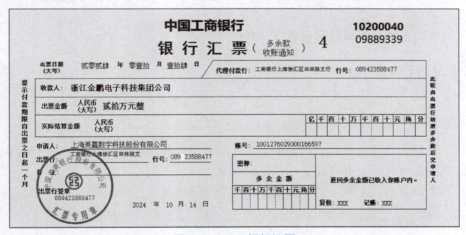

图 2－5－14　银行汇票

任务6　商业承兑汇票收支业务办理

任务描述

1. 2024年10月14日，上海美嘉数字科技股份有限公司出纳胡霞在查看"应收票据备查簿"时发现，今年7月20日收到北京电子制品开发有限公司交来的一张期限为3个月的商业承兑汇票即将到期，汇报会计主管后，当日前往银行办理商业承兑汇票收款手续。出纳胡霞需要完成以下任务：
（1）填写托收凭证。
（2）办理进账手续。

2. 2024年10月15日，上海美嘉数字科技股份有限公司与浙江金鹏电子科技集团公司签订服务器采购合同（合同号：20241012），作为固定资产核算。经协商，双方采用商业承兑汇票结算方式付款，当日，收到增值税专用发票，出纳胡霞签发3个月期限的商业承兑汇票。出纳胡霞需要完成以下工作任务：
（1）填制商业承兑汇票。
（2）将商业承兑汇票转交业务员，办理付款。

学习目标

（一）专业能力目标

1. 了解商业承兑汇票收、付款业务，并能够根据相关原始凭证进行账务处理。
2. 掌握托收凭证，办理商业承兑汇票收款业务。
3. 熟悉商业承兑汇票，办理商业承兑汇票付款业务。

（二）职业素养目标

1. 遵守职业道德准则，保持高度的职业操守。
2. 确保信息真实、准确、完整。

（三）通用能力目标

1. 具备终身学习能力。
2. 具备优秀的自我管理能力。
3. 具备良好的交流沟通能力。

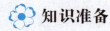 **知识准备**

商业汇票是指出票人签发的,委托付款人在指定日期无条件支付确定的金额给收款人或者持票人的票据。所谓承兑,是指汇票的付款人愿意负担起票面金额支付义务的行为,通俗地讲,就是承诺到期将无条件地支付汇票金额的行为。

(一)商业汇票的种类及结算特点

1. 商业汇票的种类

(1) 商业汇票按是否带息分为带息汇票与不带息汇票。

带息汇票是注明票面金额和票面利率并计算到期利息的商业汇票;不带息汇票是只注明票面金额、到期按票面金额结算票款的商业汇票。

(2) 商业汇票按承兑人不同分为商业承兑汇票与银行承兑汇票。

商业承兑汇票是指由收款人签发,经付款人承兑,或者由付款人签发并承兑的汇票;银行承兑汇票是指由收款人或承兑申请人签发,并且承兑申请人向开户银行申请,经银行审查同意承兑的汇票。

(3) 商业汇票按是否带有追索权分为带追索权汇票与不带追索权汇票。

带追索权汇票是指商业汇票转让或贴现后,接受商业汇票方在应收票据遭到拒付或逾期时,可向商业汇票转让方索取应收金额的商业汇票,通常被背书转让的商业承兑汇票是带有追索权的汇票;不带追索权汇票是指商业汇票转让或贴现后,不会出现拒付或逾期而需要追索应收金额的商业汇票,银行承兑汇票就是不带追索权的汇票。

2. 商业汇票结算的特点

商业汇票结算是指利用商业汇票来办理款项结算的一种银行结算方式。与其他银行结算方式相比,商业汇票结算的特点如下:

(1) 适用范围相对较窄。

与银行汇票等相比,商业汇票的适用范围相对较窄,各企业、事业单位之间只有根据购销合同进行合法的商品交易,才能签发商业汇票。除商品交易以外,其他方面的结算,如劳务报酬、债务清偿、资金借贷等不可采用商业汇票结算方式。

(2) 使用对象相对较少。

与银行汇票等结算方式相比,商业汇票的使用对象也相对较少。商业汇票的使用对象是在银行开立账户的法人。使用商业汇票的收款人、付款人以及背书人、被背书人等必须同时具备两个条件:一是在银行开立账户;二是具有法人资格。个体工商户、农村承包户、个人、法人的附属单位等不具有法人资格的单位或个人以及虽具有法人资格但没有在银行开立账户的单位都不能使用商业汇票。

(3) 可由付款人签发,也可由收款人签发。

商业汇票可以由付款人签发,也可以由收款人签发,但都必须经过承兑。只有经过承兑的商业汇票才具有法律效力,承兑人负有到期无条件付款的责任。商业汇票到期,因承兑人无款支付或其他合法原因,债权人不能获得付款时,可以按照汇票背书转让的顺序,向前手行使追索权,依法追索票面金额;该汇票上的所有关系人都应负连带责任。

(4) 承兑期限最长不得超过6个月。

商业汇票的承兑期限由交易双方商定,一般为3~6个月,最长不得超过6个月,属于分期付款的应一次签发若干张不同期限的商业汇票。

(5) 可到银行办理贴现。

未到期的商业汇票可以到银行办理贴现,从而使结算和银行资金融通相结合,有利于企业及时地补充流动资金,维持生产经营的正常进行。

(6) 使用范围。

商业汇票在同城、异地都可以使用,而且没有结算起点的限制。

(7) 一律记名并允许背书转让。

商业汇票一律记名并允许背书转让。商业汇票到期后,一律通过银行办理转账结算,银行不支付现金。商业汇票的提示付款期限为自汇票到期日起10日内。

(二) 商业承兑汇票的概念

商业承兑汇票是出票人签发的,由银行以外的付款人承兑,委托付款人在指定日期无条件支付确定的金额给收款人或持票人的票据。商业承兑汇票按照交易双方约定,由销货企业或购货企业签发,但由购货企业承兑。

商业承兑汇票的出票人,为在银行开立存款账户的法人以及其他组织,与付款人具有真实的委托付款关系,具有支付汇票金额的可靠资金来源。必须具有真实的交易关系或债权债务关系,才能使用商业承兑汇票。

商业承兑汇票采用一式三联凭证,第一联为卡片联,此联承兑行留存备查,到期支付票款时作为借方凭证附件,如图2-6-1所示;第二联为正联,此联收款人开户行随委托收款结算凭证寄给付款行作为借方凭证的附件,可用于背书转让,如图2-6-2所示;第三联为存根联,此联出票人查存,如图2-6-3所示。

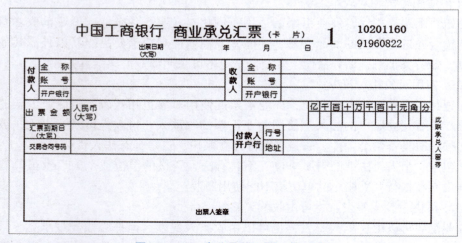

图2-6-1 商业承兑汇票(第一联)

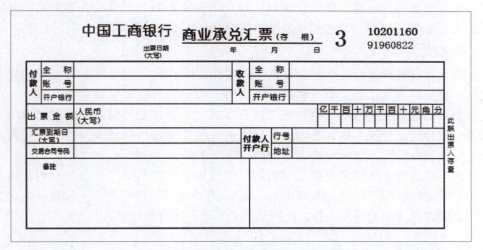

学习笔记

中国工商银行 商业承兑汇票 2　10201160 91960822

出票日期（大写）　年　月　日

付款人	全　称		收款人	全　称	
	账　号			账　号	
	开户银行			开户银行	
出票金额	人民币（大写）		亿千百十万千百十元角分		
汇票到期日（大写）			付款人开户行	行号	
交易合同号码				地址	

本汇票已经承兑，到期无条件付票款。

承兑人签章

承兑日期　年　月　日

本汇票请予以承兑于到期日付款。

出票人签章

此联持票人开户行随托收凭证寄付款人开户行作借方凭证附件

图2-6-2　商业承兑汇票（第二联）

中国工商银行 商业承兑汇票（存　根）3　10201160 91960822

出票日期（大写）　年　月　日

付款人	全　称		收款人	全　称	
	账　号			账　号	
	开户银行			开户银行	
出票金额	人民币（大写）		亿千百十万千百十元角分		
汇票到期日（大写）			付款人开户行	行号	
交易合同号码				地址	

备注

此联出票人存查

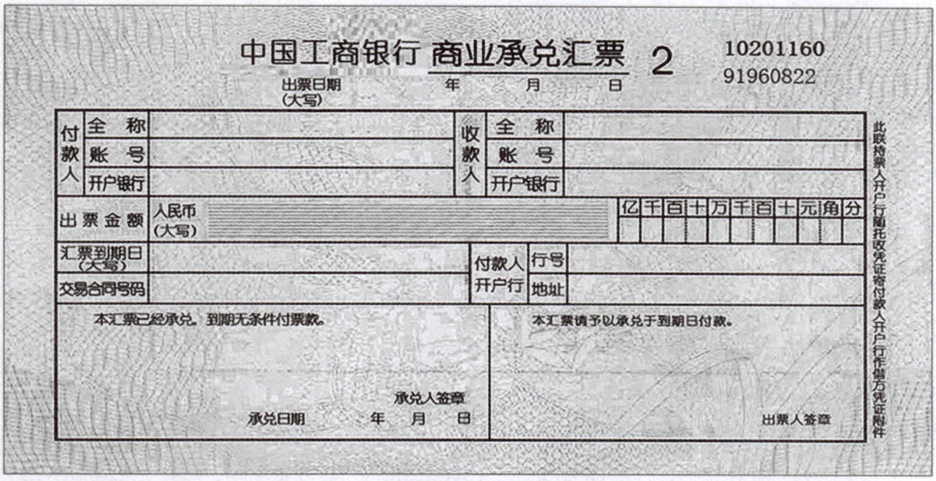

图2-6-3　商业承兑汇票（第三联）

签发商业承兑汇票必须记载下列事项：

（1）表明“商业承兑汇票”的字样。

（2）无条件支付的委托。

（3）确定的金额。

（4）付款人名称。

（5）收款人名称。

（6）出票日期。

（7）出票人签章。

欠缺记载上述规定事项之一的，商业承兑汇票无效。

（三）商业承兑汇票结算的基本流程

1. 签发汇票

商业承兑汇票按照双方协定，既可以由付款单位签发，也可以由收款人签发。

2. 承兑

商业承兑汇票由付款单位承兑（收款人签发的应交付款人承兑，付款单位签发的应由本单位承兑），付款单位承兑时，无须填写承兑协议，也不通过银行办理，因而也就无须向银行支付手续费，只需在商业承兑汇票的第二联正面签署"承兑"字样并加盖银行预留印鉴，交给收款单位。第一、三联付款人留存。

3. 委托银行收款

作为收款单位，计算从本单位至付款人开户银行的邮程，在汇票到期前，提前委托银行收款。委托银行收款时，应填写一式五联的"托收凭证"，在"托收凭据名称"栏内注明"商业承兑汇票"字样及汇票号码，在商业承兑汇票第二联背面加盖收款单位银行预留印鉴后，一并送交开户银行。开户银行审查后办理有关收款手续，并将盖章后的"托收凭证"第一联退回给收款单位保存。

4. 到期兑付

付款人收到开户银行转来委托收款的托收凭证第五联（付款通知）及所附商业承兑汇票，经与商业承兑汇票第一联核对无误后，应于当日通知银行付款。付款人在接到付款通知的次日起 3 日内（遇法定节假日顺延）未通知银行付款的，视同付款人承诺付款，银行应于付款人接到通知之日起第 4 日将款项划给持票人。付款人提前收到由其承兑的商业汇票，应通知银行于汇票到期日付款。

付款人存在合法抗辩理由拒绝交付的，应自接到付款通知之日起 3 日内，出具书面拒绝付款证明，即"拒绝付款理由书"，送交开户银行，银行将拒绝付款证明和商业承兑汇票邮寄给持票人开户银行，由持票人开户银行转交给持票人。

（四）收到商业承兑汇票

企业收到商业承兑汇票，首先进行审核，若商业承兑汇票到期，可以填写委托收款凭证，找领导审批盖章，然后去银行办理，等待收款通知。若商业承兑汇票未到期，资金又不急需使用，可以背书转让给他人；或者遇到资金急需使用，但是商业承兑汇票还未到期，就可以办理贴现业务。

（五）填制商业承兑汇票

出纳在填制商业承兑汇票时，应当逐项填写商业承兑汇票中的签发日期、收款人和承兑申请人（即付款单位）的单位全称、账号、开户银行，大小写汇票金额、汇票到期日等内容，并在商业承兑汇票第一联、第二联的"出票人签章"处加盖银行预留印鉴。商业承兑汇票填写规范如表 2-6-1 所示。

表2-6-1 商业承兑汇票填写规范

票据项目	填写规范
出票日期	1. 出票日期必须用汉字大写数字：零、壹、贰、叁、肆、伍、陆、玖、拾； 2. 在填写月、日时，月为壹、贰和壹拾的，日为壹至玖与壹拾、贰拾和叁拾的，应在其前加"零"； 3. 月为拾壹月、拾贰月，日为拾壹至拾玖的，应在其前面加"壹"
付款人全称、付款人账号、付款人开户	1. 填写付款人全称，否则银行不予受理； 2. 付款人全称、账号、开户银行要填写得完全准确，错字或者漏字都会导致银行拒绝接收票据
收款人全称、收款人账号、收款人开户行	1. 填写收款人全称，否则银行不予受理； 2. 收款人全称、账号、开户银行要填写得完全准确，错字或者漏字都会导致银行拒绝接收票据
出票金额	1. 出票金额分为大写金额和小写金额； 2. 大小写金额必须严格按照书写规范填写，且字迹要清晰，大小写金额要相符； 3. 大写金额数字到元或角为止的，在"元"或者"角"字之后应写"整"或者"正"字，金额到分为止的，"分"字后不写"整"或者"正"字； 4. 小写金额前要加"￥"符号，金额一律填写到"分"；无角分的，角位或分位填"0"
票据到期日	填写票据的到期日，必须使用中文大写，与出票日期填写要求相同，付款期限最长不得超过6个月
交易合同号码	填写双方签订合同的号码
行号、地址	1. 行号：填写付款人的行号 2. 地址：填写付款人的地址
出票人签章	出票人加盖银行预留印鉴，一般为财务专用章与法人章

提示：如果是收款人签发的商业承兑汇票，应将第三联交给出票人留存。

任务实施

（一）商业承兑汇票收款业务办理流程

出纳办理商业承兑汇票收款业务流程如图2-6-4所示。
步骤一：委托银行收款。
出纳审核收到的商业承兑汇票，在汇票到期前，提前委托银行收款。
步骤二：填写背书及托收凭证。
（1）打开商业承兑汇票（背书联）界面。

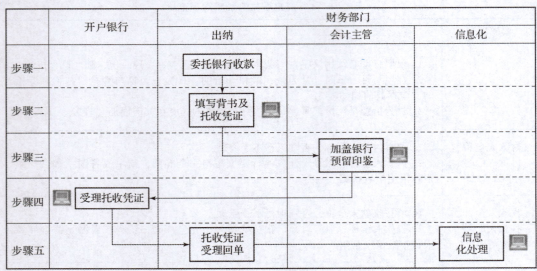

图2-6-4 商业承兑汇票收款业务流程

（2）在被背书人栏里填写收款单位开户银行名称，在背书人签章处加盖法人章，如图2-6-5所示。

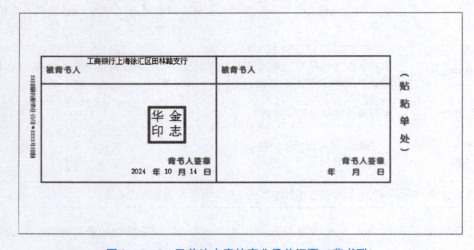

图2-6-5 已盖法人章的商业承兑汇票（背书联）

（3）打开托收凭证（第一联受理回单），出纳根据业务信息填写委托日期、付款人信息、收款人信息、金额、款项内容、托收凭据名称等，如图2-6-6所示。

（4）打开托收凭证（第二联贷方凭证），出纳补充相关信息，并在收款人签章处盖上法人章，如图2-6-7所示。

步骤三：加盖银行预留印鉴。

（1）打开商业承兑汇票（背书联）。

（2）会计主管加盖财务专用章，如图2-6-8所示。

学习笔记

中国工商银行

托收凭证（受理回单）

1 № 29163721

委托日期 2024 年 10 月 14 日

业务类型	委托收款（□邮划、☑电划）		托收承付（□邮划、□电划）			
付款人	全称	北京电子制品开发有限公司	收款人	全称	上海美嘉数字科技股份有限公司	
	账号	861580122210008		账号	1001276029300166597	
	地址	省 北京 市/县 开户行 中国工商银行北京双榆树支行		地址	省 上海 市/县 开户行 工商银行上海徐汇区漕科路支行	
金额	人民币（大写）	壹拾万壹仟柒佰元整	亿千百十万千百十元角分	¥ 1 0 1 7 0 0 0 0		
款项内容	货款	托收凭据名称	商业承兑汇票	附寄单证张数	1	
商品发运情况	已发运		合同名称号码	25368596		
备注： 复核 记账	款项收妥日期 年 月 日		收款人开户银行签章 年 月 日			

此联作收款人开户银行给收款人的受理回单

图 2-6-6 托收凭证（第一联受理回单）

中国工商银行

托收凭证（贷方凭证）

2 № 29163721

委托日期 2024 年 10 月 14 日

业务类型	委托收款（□邮划、☑电划）		托收承付（□邮划、□电划）			
付款人	全称	北京电子制品开发有限公司	收款人	全称	上海美嘉数字科技股份有限公司	
	账号	861580122210008		账号	1001276029300166597	
	地址	省 北京 市/县 开户行 中国工商银行北京双榆树支行		地址	上海 省 上海 市/县 开户行 工商银行上海徐汇区漕科路支行	
金额	人民币（大写）	壹拾万壹仟柒佰元整	亿千百十万千百十元角分	¥ 1 0 1 7 0 0 0 0		
款项内容	货款	托收凭据名称	商业承兑汇票	附寄单证张数	1	
商品发运情况	已发运		合同名称号码	25368596		
备注： 收款人开户银行收到日期： 年 月 日	上列款项随附有关债务证明，请予办理。 金志华印 收款人签章		复核 记账			

此联收款人开户银行作贷方凭证

图 2-6-7 已盖法人章的托收凭证（第二联贷方凭证）

（3）打开托收凭证（第二联贷方凭证），会计主管加盖财务专用章，如图 2-6-9 所示。

步骤四：受理托收凭证。

（1）银行受理托收凭证，打开托收凭证（第一联受理回单）。

（2）填写日期，完成盖章，如图 2-6-10 所示。

（3）打开托收凭证（第四联汇款依据或收账通知），银行填写日期并加盖银行转讫章，如图 2-6-11 所示。

学习笔记

被背书人 工商银行上海徐汇区田林路支行	被背书人	
上海美嘉数字科技股份有限公司 财务专用章　华金 印志 背书人签章 2024 年 10 月 14 日	背书人签章 年 月 日	（贴粘单处）

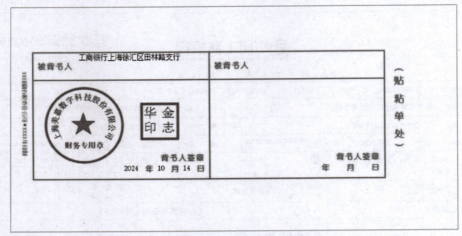

图 2－6－8　已盖财务专用章的商业承兑汇票（背书联）

中国工商银行　　托收凭证（贷方凭证）　2　№ 29163721

委托日期　2024 年 10 月 14 日

业务类型	委托收款（□邮划、☑电划）　托收承付（□邮划、□电划）		
付款人 全称	北京电子制品开发有限公司	收款人 全称	上海美嘉数字科技股份有限公司
付款人 账号	861580122210008	收款人 账号	1001276029300166597
付款人 地址	省 北京 市/县　开户行 中国工商银行北京双榆树支行	收款人 地址	上海 省 上海 市/县　开户行 工商银行上海徐汇区田林路支行
金额 人民币（大写）	壹拾万壹仟柒佰元整	亿 千 百 十 万 千 百 十 元 角 分	¥ 1 0 1 7 0 0 0 0
款项内容	货款	托收凭据名称 商业承兑汇票	附寄单证张数 1
商品发运情况	已发运	合同名称号码	25368596
备注： 收款人开户银行收到日期： 年 月 日	上列款项随附有关债务证明，请予办理。 上海美嘉数字科技股份有限公司 财务专用章　华金 印志 收款人签章	复核　记账	

此联收款人开户银行作贷方凭证

图 2－6－9　已盖财务专用章的托收凭证（第二联贷方凭证）

中国工商银行　　托收凭证（受理回单）　1　№ 29163721

委托日期　2024 年 10 月 14 日

业务类型	委托收款（□邮划、☑电划）　托收承付（□邮划、□电划）		
付款人 全称	北京电子制品开发有限公司	收款人 全称	上海美嘉数字科技股份有限公司
付款人 账号	861580122210008	收款人 账号	1001276029300166597
付款人 地址	省 北京 市/县　开户行 中国工商银行北京双榆树支行	收款人 地址	省 上海 市/县　开户行 工商银行上海徐汇区田林路支行
金额 人民币（大写）	壹拾万壹仟柒佰元整	亿 千 百 十 万 千 百 十 元 角 分	¥ 1 0 1 7 0 0 0 0
款项内容	货款	托收凭据名称 商业承兑汇票	附寄单证张数 1
商品发运情况	已发运	合同名称号码	25368596
备注： 复核　记账	款项收妥日期 年 月 日	中国工商银行 上海徐汇区田林路支行 业务受理专用章 收款人开户银行签章 2024 年 10 月 14 日	

此联作收款人开户银行给收款人的受理回单

图 2－6－10　银行已受理的托收凭证（第一联受理回单）

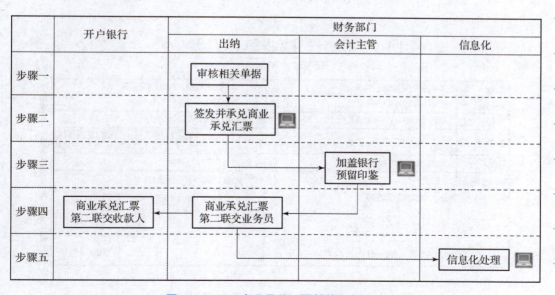

图 2-6-11　已盖转讫章的托收凭证（第四联汇款依据或收账通知）

步骤五：信息化处理。

银行办理有关手续，当款项到达公司账户后，银行将托收凭证第四联收账通知交给出纳，出纳将银行受理后的托收凭证第一联受理回单和收账通知交给会计，会计编制记账凭证，会计主管进行审核。

（二）商业承兑汇票付款业务办理流程

出纳办理商业承兑汇票付款业务流程，如图 2-6-12 所示。

		财务部门		
	开户银行	出纳	会计主管	信息化
步骤一		审核相关单据		
步骤二		签发并承兑商业承兑汇票		
步骤三			加盖银行预留印鉴	
步骤四	商业承兑汇票第二联交收款人	商业承兑汇票第二联交业务员		
步骤五				信息化处理

图 2-6-12　商业承兑汇票付款业务流程

步骤一：审核相关单据。

出纳审核采购合同、采购发票等相关票据，确保交易符合开具商业承兑汇票的要求。

步骤二：签发并承兑商业承兑汇票。

（1）打开商业承兑汇票（第一联）。

（2）出纳根据业务内容填写出票日期、付款人信息、收款人信息、出票金额、汇票到期日期、付款人开户行等，在出票人签章处加盖法人章，如图2-6-13所示。

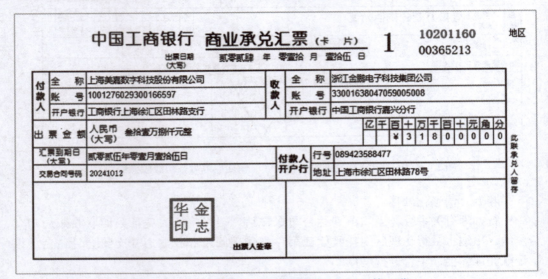

图2-6-13 已盖法人章的商业承兑汇票（第一联）

（3）打开商业承兑汇票（第二联），在承兑人签章和出票人签章处分别加盖法人章，并填写承兑日期，如图2-6-14所示。

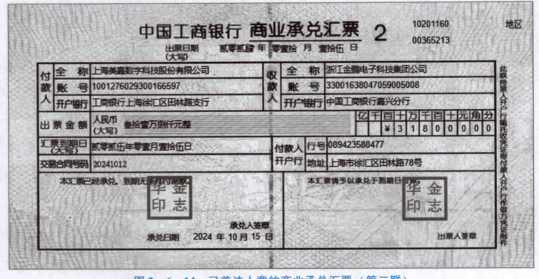

图2-6-14 已盖法人章的商业承兑汇票（第二联）

步骤三：加盖银行预留印鉴。

（1）会计主管加盖财务专用章，如图2-6-15所示。

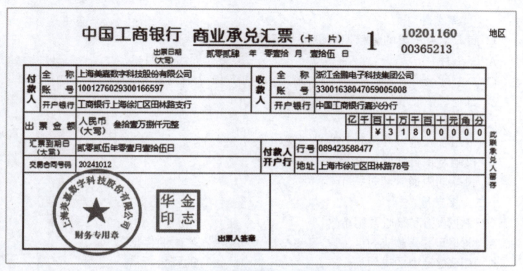

图2-6-15　已盖财务专用章的商业承兑汇票（第一联）

（2）打开商业承兑汇票（第二联），在承兑人签章和出票人签章处分别加盖财务专用章，如图2-6-16所示。

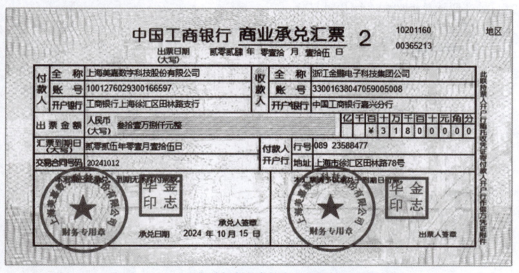

图2-6-16　已盖财务专用章的商业承兑汇票（第二联）

步骤四：传递商业承兑汇票第二联。

出纳将签发并承兑的商业承兑汇票第二联（正联）交给业务员，由业务员交给收款单位。

步骤五：信息化处理。

出纳将采购发票、商业承兑汇票第三联复印件交给会计，会计编制记账凭证，编制完毕，由会计主管审核记账凭证。

任务实训

(一) 单选题

1. 商业承兑汇票的付款期限最长不超过（　　）。
   A. 3 个月 B. 6 个月（纸票）
   C. 9 个月 D. 12 个月（纸票）

2. 商业承兑汇票的主要特征是（　　）。
   A. 由银行签发并承兑
   B. 由出票人签发并由付款企业承兑
   C. 仅限于银行之间的交易
   D. 付款期限通常超过一年

(二) 多选题

1. 商业承兑汇票通常用于（　　）。
   A. 企业间的货款支付 B. 个人之间的借款
   C. 国际贸易中的支付 D. 银行的资金拆借

2. 关于商业承兑汇票，以下说法正确的有（　　）。
   A. 商业承兑汇票代表了一种商业信用
   B. 商业承兑汇票的付款期限通常较短
   C. 商业承兑汇票的手续相对复杂
   D. 商业承兑汇票可以在市场上自由流通

(三) 判断题

1. 商业承兑汇票只能由大型企业签发和承兑。（　　）
2. 商业承兑汇票的贴现率通常高于银行贷款利率。（　　）

任务 7　银行承兑汇票收支业务办理

任务描述

1. 2024 年 10 月 15 日，上海美嘉数字科技股份有限公司出纳胡霞在查看"应收票据备查簿"时发现，今年 5 月 20 日收到上海中芯科技有限公司交来的一张期限为 5 个月的银行承兑汇票即将到期，汇报会计主管后，按照会计主管要求于 10 月 21 日前往银行办理银行承兑汇票收款手续。

2. 2024 年 10 月 22 日，上海美嘉数字科技股份有限公司向上海东方晶圆科技有限公司采购显示屏 2 000 台，作为库存商品核算，取得增值税专用发票，货物已经收到并验收入库。双方协商采用银行承兑汇票结算方式付款，付款期限 6 个月。出纳胡霞到开户银行申请银行承兑汇票，银行要求按照票面金额的 20% 交存保证金，同时按票面金额的 0.5‰ 支付手续费。

学习目标

（一）专业能力目标

1. 了解银行承兑汇票收、付款业务，并能够根据相关原始凭证进行账务处理。
2. 掌握托收凭证，办理银行承兑汇票收款业务。
3. 熟悉银行承兑汇票，办理银行承兑汇票付款业务。

（二）职业素养目标

1. 遵守职业道德准则，保持高度的职业操守。
2. 确保信息真实、准确、完整。

（三）通用能力目标

1. 具备终身学习能力。
2. 具备优秀的自我管理能力。
3. 具备良好的交流沟通能力。

知识准备

企业收到银行承兑汇票，要审查以下必须记载事项是否齐全：表明"银行承兑汇票"的字样，无条件支付的委托，确定的金额，付款人名称，收款人名称，出票日期，出票人签章。同时还要审核是否符合规范填制要求，包括出票日期、收款人名称是否更改；出票人签章、承兑人签章是否符合规定；其他记载事项的更改是否由原记载人签章证明；是否注明"不得转让"字样；背书转让的汇票其背书是否连续，签章是否符合规定，背书使用粘单是否按规定在粘接处签章。收到银行承兑汇票审查无误后，有三种办理方式：一是到期托收；二是背书转让；三是办理贴现。

（一）到期托收

到期托收是指持票人在银行承兑汇票到期起10日内，委托其开户银行向付款银行收取票据款项的行为。银行承兑汇票到期办理托收的步骤如下：

（1）提示付款。银行承兑汇票到期后，出纳应该在到期日起10日内，向承兑银行提示付款。提示付款前，出纳要在银行承兑汇票背面加盖银行预留印鉴，并注明"委托收款"。

银行承兑汇票背面填写应注意：银行承兑汇票背书转让时，须填写被背书人的全称；非转让背书时须填写相关字样表明背书的类型，如"委托收款""质押"等；银行承兑汇票背书转让时，背书人须在背面签章。已背书转让的汇票，背书应当连续；银行承兑汇票背书转让时，须记载背书日期，可用小写，未记载日期的，视为在汇票到期日前背书，票据凭证不能满足背书人记载事项的需要，可以加附粘单，粘附于票据凭证上。粘单上的第一记载人，应当在汇票和粘单的粘接处签章。

（2）申请委托收款。到银行提示付款时，向银行申请委托收款，出纳要填制托收凭证，包括委托日期、业务类型、付款人及收款人信息、金额、托收凭据名称、附寄单证张数等，并在托收凭证上加盖银行预留印鉴。

将银行承兑汇票和托收凭证一同交给开户银行办理委托收款。银行审查无误后，出纳取回回单联。

（3）取回收账通知。当款项到达公司账户后，出纳取回收账通知联。

知识链接

银行承兑汇票办理托收手续时的注意事项如下：

（1）检查承兑汇票，看是否有印鉴章模糊、印鉴章加盖错误、多盖印鉴章、骑缝章不骑缝等情况，如果有此类情况存在，需由公司出具证明方可解兑。

（2）填写托收凭证，必须将付款人及收款人的全称、账号信息和开户行填写完整，汇票的金额必须与承兑汇票上的金额一致，大小写必须一致，并且填写正确。填写完整后，在托收凭证第二联上加盖公司银行预留印鉴。

（3）在银行承兑汇票的背书框里加盖银行预留印鉴，并在背书框写上"委托收款"，在被背书人上填写收款人的开户行。

（4）如果承兑有问题，需提供情况说明给付款行：情况说明首先要求写清楚票面要素，包括出票日期、汇票号码、出票人/收款人的全称、账号及开户行、出票金额、到期日等。其次要求写清楚导致该笔汇票延误提示付款时间的原因，请求该银行付款，须表明"由此产生的经济责任，由我单位自行承担"；完成后，将银行承兑汇票的原件、托收凭证相关的证明一并拿到收款人开户行，到柜台请求解付。

(5) 银行受理后，一般 5~7 个工作日可以收款到账。

（二）背书转让

背书转让是指收款人以转让票据权利为目的在汇票上签章并做必要记载的一种附属票据行为。收款人可以将银行承兑汇票背书转让给被背书人，被背书人也可以将其再背书。

在进行首次背书时，出纳要在银行承兑汇票背面"被背书人"处填写对方单位的名称，在"背书人"处加盖银行预留印鉴。

在进行再次背书时，要保证银行承兑汇票背书连续，满足斜线一致的原则，即后一个背书人要与前一个被背书人一致，如图 2-7-1 所示。

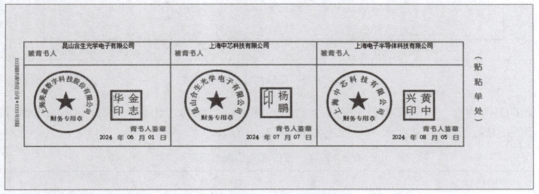

图 2-7-1 背书转让

由于多次背书，导致银行承兑汇票背面的背书人签章处位置不足时，可以粘贴粘单背书。除了在粘单上加盖银行预留印鉴之外，还要在粘单的骑缝线处加盖骑缝章（银行预留印鉴）。

（三）办理贴现

符合条件的商业汇票的持票人可持未到期的商业汇票连同贴现凭证向银行申请贴现。贴现是指汇票持票人将未到期的商业汇票向银行等金融机构提出申请将票据变现，银行等金融机构按票面金额扣去自贴现日至汇票到期日的利息，将剩余金额支付给持票人（收款人）。

办理贴现要填写贴现凭证，并在申请人盖章处加盖银行预留印鉴。贴现凭证一式五联，第一联银行作为贴现借方凭证，第二联银行作为持票人账户贷方凭证，第三联银行作为贴现利息贷方凭证，第四联是银行给持票人的收账通知，第五联由银行会计部门按到期日排列保管，到期日作为贴现贷方凭证。贴现凭证收账通知联如图 2-7-2 所示。

（四）银行承兑汇票签发要求

银行在签发银行承兑汇票时，应当逐项填写银行承兑汇票中的签发日期、收款人和承兑申请人（即付款单位）的单位全称、账号、开户银行、大小写汇票金额、汇票

学习笔记

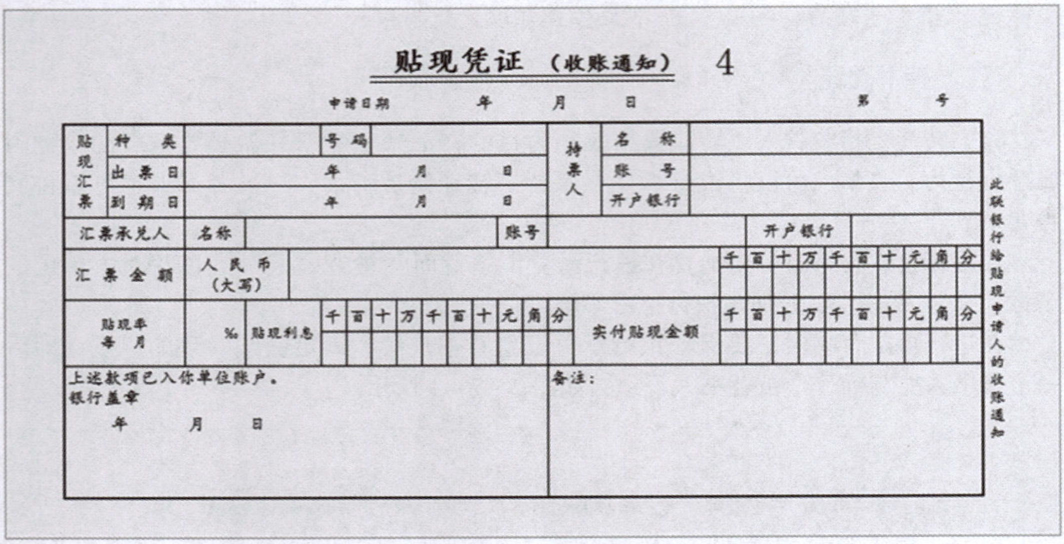
贴现凭证（收账通知） 4

申请日期 年 月 日 第 号

贴现汇票	种类		号码	持票人	名称
	出票日	年 月 日			账号
	到期日	年 月 日			开户银行
汇票承兑人	名称		账号		开户银行
汇票金额	人民币（大写）				千 百 十 万 千 百 十 元 角 分
贴现率每月	‰	贴现利息	千 百 十 万 千 百 十 元 角 分	实付贴现金额	千 百 十 万 千 百 十 元 角 分
上述款项已入你单位账户。 银行盖章 年 月 日			备注：		

此联银行给贴现申请人的收账通知

图 2－7－2 贴现凭证收账通知联

到期日等内容，出纳在银行承兑汇票的第一联、第二联的“出票人签章”处加盖银行预留印鉴。银行承兑汇票填写规范如表 2－7－1 所示。

表 2－7－1 银行承兑汇票填写规范

票据项目	填写规范
出票日期	1. 出票日期必须用汉字大写数字：零、壹、贰、叁、肆、伍、陆、柒、捌、玖、拾； 2. 在填写月、日时，月为壹、贰和壹拾的，日为壹至玖与壹拾、贰拾和叁拾的，应在其前加“零”； 3. 月为拾壹月、拾贰月，口为拾壹至拾玖的，应在其前面加“壹”
出票人全称、出票人账号、付款行全称	1. 填写出票人全称，否则银行不予受理； 2. 付款行名称、出票人账号为出票单位开户银行名称及银行账号； 3. 付款行全称、出票人账号要填写得完全准确，错字或者漏字都会导致银行拒绝接收票据
收款人全称、收款人账号、开户银行	1. 填写收款人全称，否则银行不予受理； 2. 收款行名称、收款人账号为收款单位开户银行名称及银行账号； 3. 收款行名称、收款人账号要填写得完全准确，错字或者漏字都会导致银行拒绝接收票据
出票金额	1. 出票金额分为大写金额和小写金额； 2. 大小写金额必须严格按照书写规范填写，且字迹要清晰，大小写金额要相符； 3. 大写金额数字到元或角为止的，在“元”或者“角”字之后应写“整”或者“正”字，金额到分为止的，“分”字后不写“整”或者“正”字； 4. 小写金额前要加“¥”符号，金额一律填写到“分”；无角分的，角位或分位填“0”

续表

票据项目	填写规范
汇票到期日	填写票据的到期日,必须使用中文大写,与出票日期填写要求相同,付款期限最长不得超过6个月
承兑协议编号	填写双方签订的承兑协议的号码
行号、地址	1. 行号:填写承兑银行的行号; 2. 地址:填写承兑银行的地址
出票人签章	出票人加盖银行预留印鉴,一般为财务专用章与法人章

 任务实施

(一)银行承兑汇票收款业务办理流程

出纳办理银行承兑汇票收款业务流程如图 2-7-3 所示。

图 2-7-3 银行承兑汇票收款业务流程

步骤一:向承兑银行提示付款。

出纳在银行承兑汇票到期日起 10 日内,向承兑银行提示付款。

提示:

如果持票人未在规定期限内提示付款的,则丧失对其前手的追索权。因此,出纳应密切关注票据的到期日。

步骤二:填写背书及托收凭证。

(1)出纳打开银行承兑汇票(背书联),在被背书人处填写本单位开户银行全称。

(2)加盖法人章,填写背书日期,在法人章上方填写"委托收款",填写完成如图 2-7-4 所示。

(3)打开托收凭证(第一联受理回单),按照业务内容填写付款人、收款人、金额、款项内容、托收凭证名称、商品发运情况等信息,填写完成如图 2-7-5 所示。

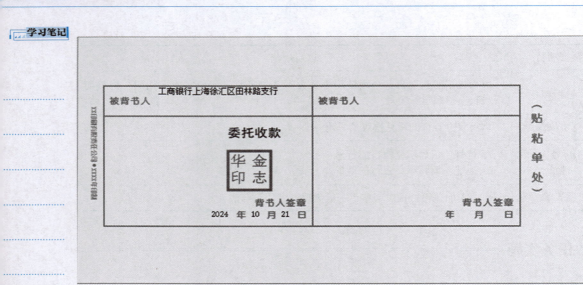

图2-7-4 银行承兑汇票（背书联）

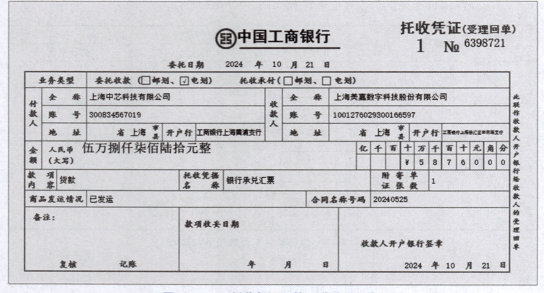

图2-7-5 托收凭证（第一联受理回单）

（4）打开托收凭证（第二联贷方凭证），在第二联"收款人签章"处加盖法人章，如图2-7-6所示。

（5）由会计主管分别在"银行承兑汇票（背书联）"和"托收凭证（第二联贷方凭证）"上加盖财务专用章，盖章完成如图2-7-7、图2-7-8所示。

步骤三：银行受理托收凭证。

（1）出纳将托收凭证和银行承兑汇票第二联一同交给开户银行办理委托收款，银行审查无误后将托收凭证第一联受理回单交给出纳。款项收妥后，开户银行将托收凭证第四联收账通知交给出纳，做入账依据。

中国工商银行　　托收凭证（贷方凭证）　2　№ 6398721

委托日期　2024 年 10 月 21 日

业务类型	委托收款（□邮划、☑电划）		托收承付（□邮划、□电划）		
付款人 全称	上海中芯科技有限公司		收款人 全称	上海美嘉数字科技股份有限公司	
账号	300834567019		账号	1001276029300166597	
地址	上海 省 市县	开户行 工商银行上海黄浦支行	地址	上海 省 市县	开户行 工商银行上海徐汇区
金额 人民币（大写）	伍万捌仟柒佰陆拾元整		亿 千 百 十 万 千 百 十 元 角 分	¥ 5 8 7 6 0 0 0	
款项内容	货款	托收凭据名称	银行承兑汇票	附寄单证张数	1
商品发运情况	已发运		合同名称号码	20240525	
备注： 收款人开户银行收到日期： 年 月 日	上列款项随附有关债务证明，请予办理。 华金印志 收款人签章		复核　记账		

此联收款人开户银行作贷方凭证

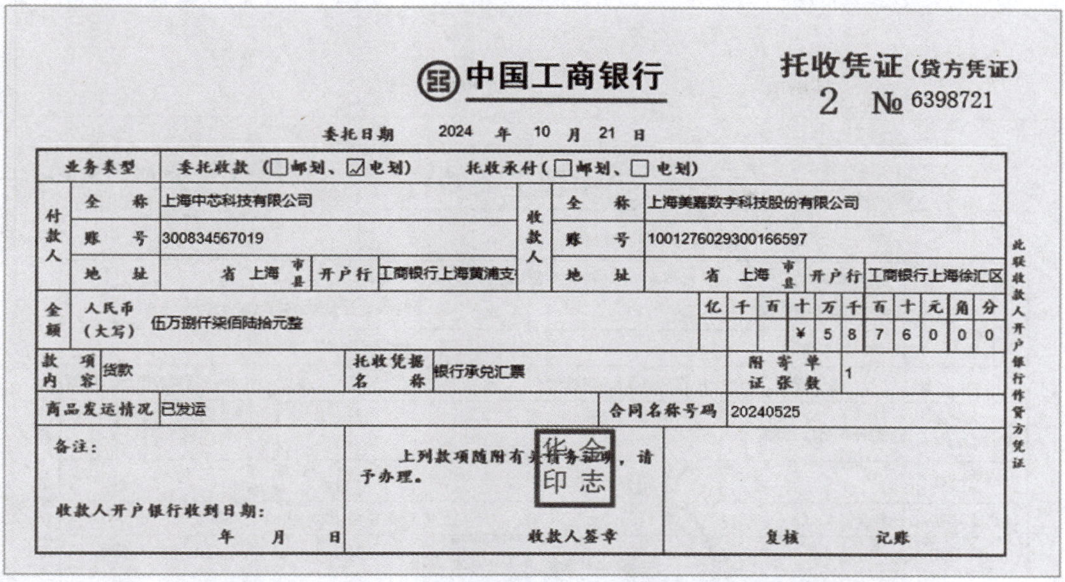

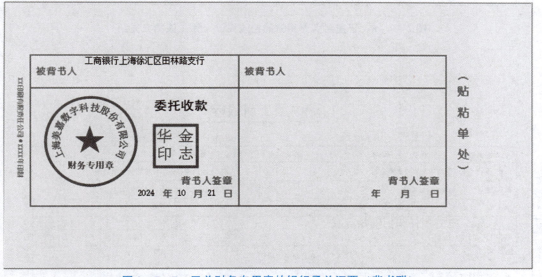

图2-7-6　已盖法人章的托收凭证（第二联贷方凭证）

被背书人　工商银行上海徐汇区田林路支行	被背书人
委托收款 上海美嘉数字科技股份有限公司 财务专用章　华金印志 背书人签章 2024 年 10 月 21 日	背书人签章 年 月 日

（贴粘单处）

图2-7-7　已盖财务专用章的银行承兑汇票（背书联）

（2）打开托收凭证（第一联受理回单），在第一联“收款人开户银行签章”处加盖业务受理专用章，如图2-7-9所示。

（3）打开托收凭证（第四联汇款依据或收账通知），在第四联“收款人开户银行签章”处加盖转讫章，如图2-7-10所示。

提示：

实务中，托收凭证第一联和第四联并非同时盖章，银行在款项收讫完成后在第四联加盖银行转讫章，再将托收凭证第四联交单位出纳做收账依据。

学习笔记

中国工商银行

托收凭证（贷方凭证） 2 № 6398721

委托日期 2024 年 10 月 21 日

业务类型	委托收款（□邮划、☑电划） 托收承付（□邮划、□电划）					
付款人	全称	上海中芯科技有限公司	收款人	全称	上海美嘉数字科技股份有限公司	
	账号	300834567019		账号	1001276029300166597	
	地址	省 上海 市县 开户行 工商银行上海黄浦支行		地址	省 上海 市县 开户行 工商银行上海徐汇区	
金额	人民币（大写）	伍万捌仟柒佰陆拾元整		亿千百十万千百十元角分	¥ 5 8 7 6 0 0 0	
款项内容	货款	托收凭据名称	银行承兑汇票	附寄单证张数	1	
商品发运情况	已发运			合同名称号码	20240525	
备注： 收款人开户银行收到日期： 年 月 日		上列款项随附有关债务证明，请予办理。 收款人签章		复核	记账	

此联收款人开户银行作贷方凭证

图 2－7－8　已盖财务专用章的托收凭证（第二联贷方凭证）

中国工商银行

托收凭证（受理回单） 1 № 6398721

委托日期 2024 年 10 月 21 日

业务类型	委托收款（□邮划、☑电划） 托收承付（□邮划、□电划）					
付款人	全称	上海中芯科技有限公司	收款人	全称	上海美嘉数字科技股份有限公司	
	账号	300834567019		账号	1001276029300166597	
	地址	省 上海 市县 开户行 工商银行上海黄浦支行		地址	省 上海 市县 开户行 工商银行上海徐汇区田林路支行	
金额	人民币（大写）	伍万捌仟柒佰陆拾元整		亿千百十万千百十元角分	¥ 5 8 7 6 0 0 0	
款项内容	货款	托收凭据名称	银行承兑汇票	附寄单证张数	1	
商品发运情况	已发运			合同名称号码	20240525	
备注： 复核 记账		款项收妥日期 年 月 日		收款人开户银行签章 2024 年 10 月 21 日		

此联作收款人开户银行给收款人的受理回单

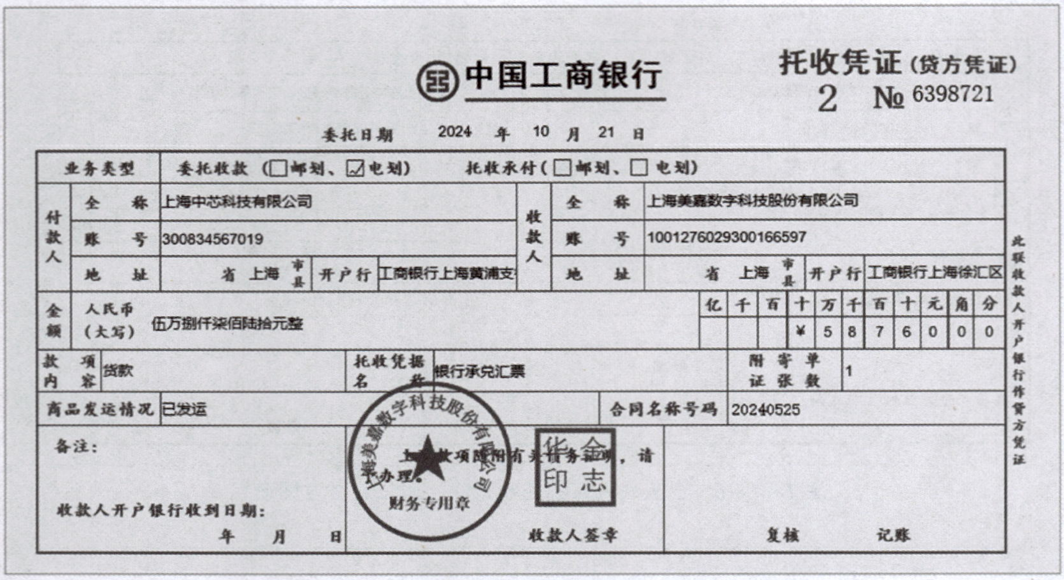

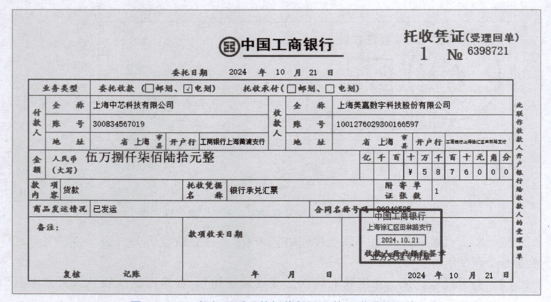

图 2－7－9　银行已受理的托收凭证（第一联受理回单）

学习笔记

中国工商银行　托收凭证（汇款依据或收账通知）4　№ 6398721

委托日期 2024 年 10 月 21 日　　付款期限 2024 年 10 月 20 日

业务类型	委托收款（□邮划、☑电划）		托收承付（□邮划、□电划）		
付款人 全称	上海中芯科技有限公司		收款人 全称	上海美嘉数字科技股份有限公司	
账号	300834567019		账号	1001276029300166597	
地址	省 上海 市县	开户行 工商银行上海黄浦支行	地址	省 上海 市县	开户行 工商银行上海徐汇区田林路支行
金额	人民币（大写） 伍万捌仟柒佰陆拾元整			¥58760.00	
款项内容	货款	托收凭据名称	银行承兑汇票	附寄单证张数	1
商品发运情况	已发运		合同名称号码	20240525	
备注：	上列款项已划回收入你方账户内。 收款人开户银行签章 2024 年 10 月 21 日				
复核　记账					

工商银行上海徐汇区田林路支行 2024.10.21 转讫

此联付款人开户银行凭以汇款或收款人开户银行作收账通知

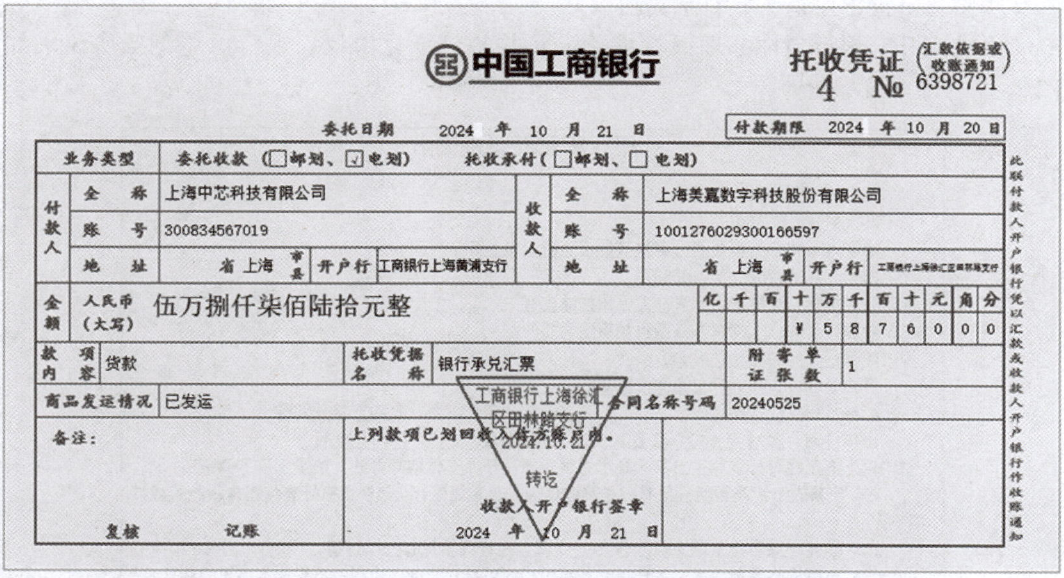

图 2-7-10　已盖转讫章的托收凭证（第四联汇款依据或收账通知）

步骤四：信息化处理。

（1）出纳将托收凭证第四联交给会计，会计编制记账凭证。

（2）记账凭证编制完毕后，由会计主管审核记账凭证。

（二）银行承兑汇票付款业务办理流程

出纳办理银行承兑汇票付款业务流程，如图 2-7-11 所示。

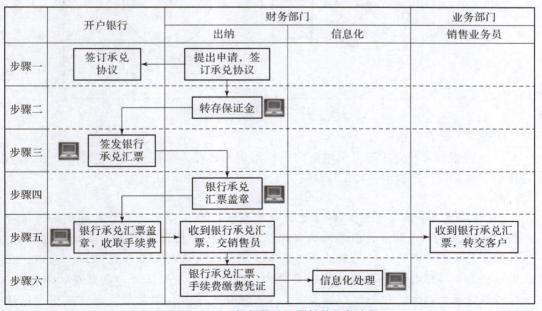

图 2-7-11　银行承兑汇票付款业务流程

步骤一：提出申请，签订承兑协议。

出纳向开户银行申请办理银行承兑汇票并签订承兑协议，银行承兑汇票协议书如图 2-7-12 所示。

银行承兑汇票协议书

编号：25865871

银行承兑汇票内容：
出票人全称：<u>上海美嘉数字科技股份有限公司</u>
账号：<u>1001276029300166597</u>
开户银行：<u>工商银行上海徐汇区田林路支行</u>
收款人全称：<u>上海东方晶圆科技有限公司</u>
账号：<u>03386900801001099</u>
开户银行：<u>工商银行上海徐汇区田林路支行</u>
汇票号码：<u>52134211</u>　　　　汇票金额（大写）：<u>玖拾万肆仟元整</u>
出票日期：<u>2024 年 10 月 22 日</u>　　到期日期：<u>2025 年 4 月 22 日</u>

以上汇票经银行承兑，出票人及承兑银行愿遵守《支付结算办法》的规定及下列条款：

一、出票人于汇票到期日前将应付票款足额交存承兑银行，到期由银行直接划付收款人或持票人。
二、承兑手续费按票面金额万分之 <u>5</u> 计算，在银行承兑时一次付清。
三、出票人与持票人如发生任何交易纠纷，均由其双方自行处理，不影响本协议的履行。
四、承兑汇票到期日，承兑银行凭票无条件支付票款。汇票到期日届至出票人不能足额交付票款，银行发生垫款的，承兑银行对不足支付部分的票款，按照《支付结算办法》的规定每天计收万分之 <u>5</u> 的利息。
五、对于本协议项下的承兑金额及费用，由出票人向承兑银行于 <u>2024</u> 年 <u>10</u> 月 <u>22</u> 日，交付币种为人民币，金额为 <u>180 800.00</u> 元的保证金，承兑期间出票人不得支用保证金，汇票到期后出票人不能足额交存票款的，承兑银行有权直接从保证金账户或从出票人在本社开立的任何账户中扣款用于充抵票款。
六、出票人足额付清承兑汇票票款后或出票人还清承兑银行垫款本息后，本协议自动失效。

出票人签章　　　　　　　　　　　　承兑行签章

订立承兑协议日期　　　　　　　　　2024 年 10 月 22 日

图 2-7-12　银行承兑汇票协议书

步骤二：转存保证金。

（1）经银行审核完成后，出纳应向银行指定账户存入保证金或办理担保。出纳填写转账支票及银行进账单，将保证金转入银行指定的保证金账户。

提示：

《中华人民共和国票据法》和《支付结算办法》对银行承兑汇票有着严格的使用限制，要求银行承兑汇票的出票人为在承兑银行开立存款账户的法人以及其他组织，与承兑银行具有真实的委托付款关系，具有支付汇票金额的可靠资金来源。所以，在我国银行业开具银行承兑汇票的实际操作中，都要求出票人提供一定数额的保证金，一般与银行承兑的数额相一致，如果出票人在该银行享有信用贷款，则可以少于银行承兑的数额。承兑行根据出票人的信用等级，要求出票人按比例存入保证金，保证金常见比例有 100%、60%、50%、40%、20% 等几种。

（2）打开转账支票，出纳按照业务内容填写转账支票并加盖法人章，将保证金转入单位保证金账户，收款人为本单位，填写完成如图2-7-13所示。

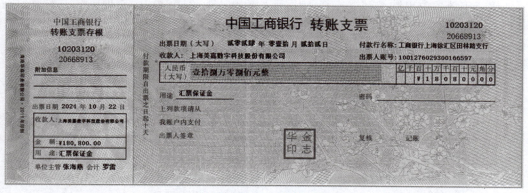

图2-7-13 转账支票

（3）由会计主管加盖财务专用章，盖章完成如图2-7-14所示。

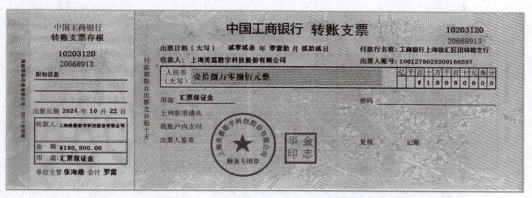

图2-7-14 已盖财务专用章的转账支票

（4）出纳持填写完成的转账支票正联到银行办理保证金入账。由出纳填写银行进账单，填写完成如图2-7-15所示。

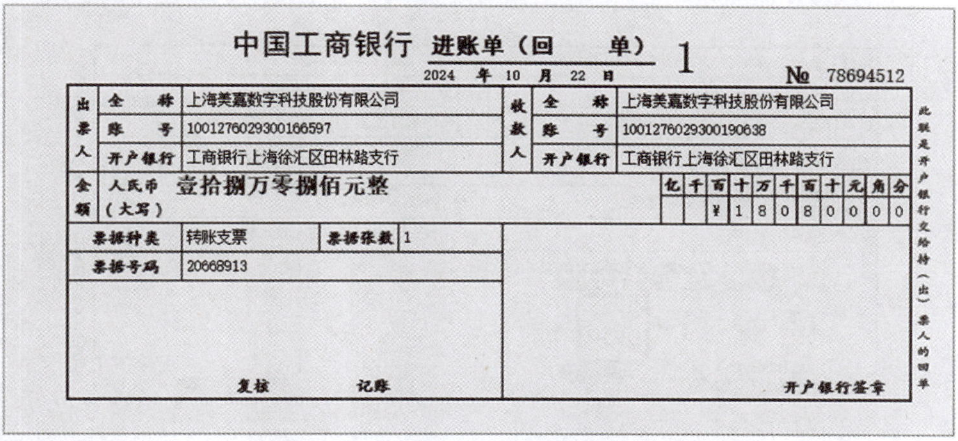

图2-7-15 进账单

(5) 完成保证金转存。

步骤三：签发银行承兑汇票。

银行审核单位出纳的转账支票和银行进账单，审核通过后，办理进账并签发银行承兑汇票，签发完成如图2-7-16所示。

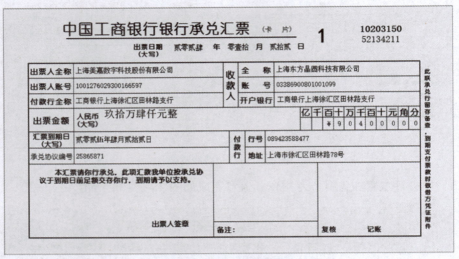

图2-7-16　银行承兑汇票（1）

步骤四：银行承兑汇票盖章。

(1) 银行签发银行承兑汇票后，出纳须在银行承兑汇票的第一联、第二联的出票人签章处加盖银行预留印鉴。出纳将填写完整并加盖相关银行预留印鉴的银行承兑汇票交还给银行，银行在第二联上盖章后退还给出纳，出纳复印银行承兑汇票第二联，原件由销售员交客户并取得客户的签收证明。

(2) 出纳在"出票人签章处"加盖法人章和财务专用章，如图2-7-17和图2-7-18所示。

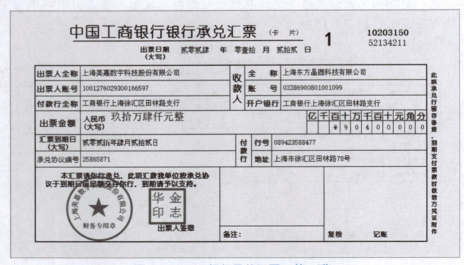

图2-7-17　银行承兑汇票（第一联）

学习笔记

中国工商银行银行承兑汇票　2　10203150 52134211

出票日期（大写）　贰零贰肆 年 零壹拾 月 贰拾贰 日

出票人全称	上海美嘉数字科技股份有限公司	收款人	全　称	上海东方晶圆科技有限公司
出票人账号	1001276029300166597		账　号	03386900801001099
付款行全称	工商银行上海徐汇区田林路支行		开户银行	工商银行上海徐汇区田林路支行
出票金额	人民币（大写）玖拾万肆仟元整		亿千百十万千百十元角分	¥ 9 0 4 0 0 0 0 0
汇票到期日（大写）	贰零贰伍年肆月贰拾贰日	付款行	行号	089423588477
承兑协议编号	25865871		地址	上海市徐汇区田林路78号

本汇票请你行承兑，到期无条件付款。　上海美嘉数字科技股份有限公司 财务专用章　华金印志　出票人签章

本汇票已经承兑，到期日由本行付款。　承兑行签章　承兑日期　年　月　日　备注：

密押　复核　记账

此联收款人开户行随托收凭证寄付款行作借方凭证附件

图2-7-18　银行承兑汇票（第二联）

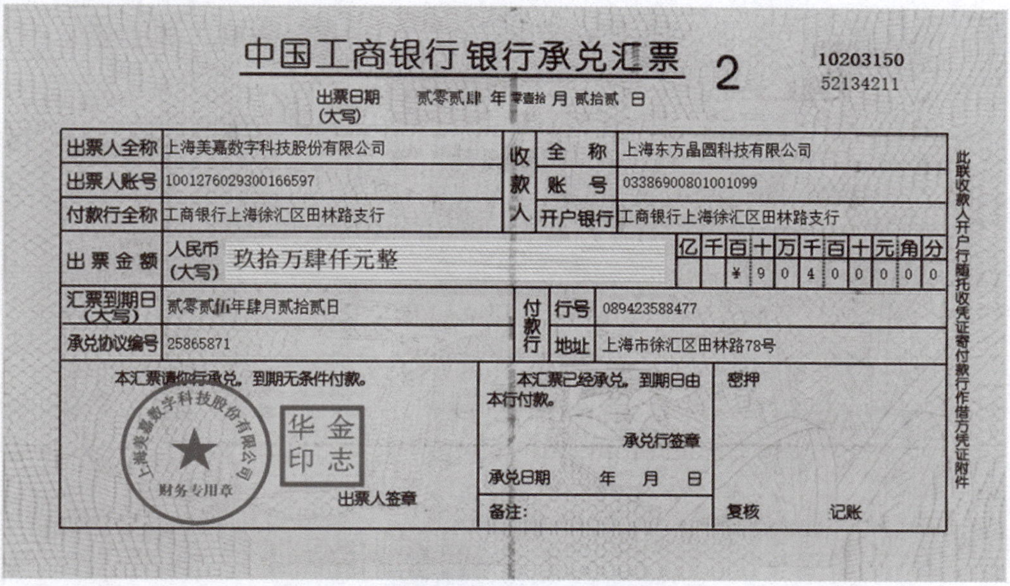

步骤五：银行承兑汇票盖章，收取手续费。

（1）银行在银行承兑汇票的第二联“承兑行签章”处加盖“汇票专用章”，如图2-7-19所示。

中国工商银行银行承兑汇票　2　10203150 52134211

出票日期（大写）　贰零贰肆 年 零壹拾 月 贰拾贰 日

出票人全称	上海美嘉数字科技股份有限公司	收款人	全　称	上海东方晶圆科技有限公司
出票人账号	1001276029300166597		账　号	03386900801001099
付款行全称	工商银行上海徐汇区田林路支行		开户银行	工商银行上海徐汇区田林路支行
出票金额	人民币（大写）玖拾万肆仟元整		亿千百十万千百十元角分	¥ 9 0 4 0 0 0 0 0
汇票到期日（大写）	贰零贰伍年肆月贰拾贰日	付款行	行号	089423588477
承兑协议编号	25865871		地址	上海市徐汇区田林路78号

本汇票请你行承兑，到期无条件付款。　上海美嘉数字科技股份有限公司 财务专用章　华金印志　出票人签章

本汇票已经承兑，到期日由本行付款。　中国工商银行股份有限公司 089423588477 汇票专用章　承兑行签章　承兑日期 2024 年 10 月 22 日　备注：

密押　复核　记账

此联收款人开户行随托收凭证寄付款行作借方凭证附件

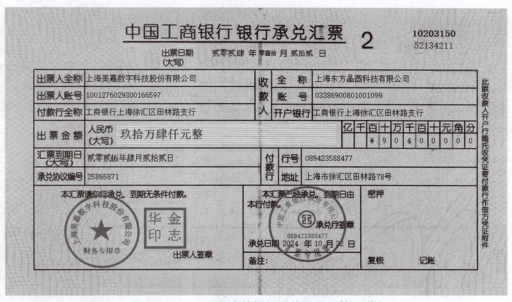

图2-7-19　已盖章的银行承兑汇票（第二联）

（2）按照银行承兑协议的规定，付款单位办理承兑手续应向承兑银行支付手续费，由开户银行从付款单位存款户中扣收。按照现行规定，银行承兑手续费按照银行承兑汇票金额的5‰计收，每笔手续费不足10元的，按10元收。银行扣收手续费后，将付款回单交给出纳。付款回单如图2-7-20所示。

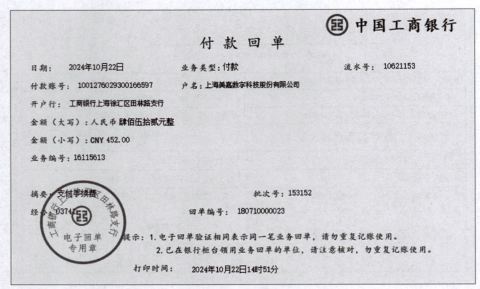

图 2-7-20 付款回单

步骤六：信息化处理。

（1）出纳将银行承兑汇票第二联复印件、手续费付款回单交给会计，会计编制记账凭证。

（2）记账凭证编制完成后，会计主管审核记账凭证。

任务实训

1. 2024 年 10 月 15 日，上海美嘉数字科技股份有限公司向上海电子半导体科技有限公司采购材料一批，金额 40 680 元。经协商，上海美嘉数字科技股份有限公司将其上月收到的浙江未来光电仪器有限公司交来的银行承兑汇票办理背书，用于支付货款，金额 33 900 元，剩余货款以转账支票支付。

要求：出纳办理银行承兑汇票背书业务，填写相应内容（见图 2-7-21）。

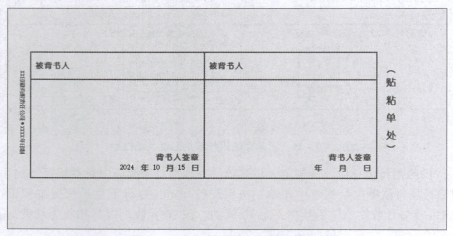

图 2-7-21 银行承兑汇票（背书）

2. 2024年10月12日，上海美嘉数字科技股份有限公司向南京瑞祥机械有限公司购入不需要安装的设备2台，收到对方开来的增值税专用发票，注明金额200 000元，增值税税额26 000元，设备已交付使用。双方协商采用银行承兑汇票结算方式支付货款，出纳当日签发付款期限为2个月的银行承兑汇票结算货款。银行按0.5‰收取手续费。

要求：出纳填写银行承兑汇票（见图2-7-22）。

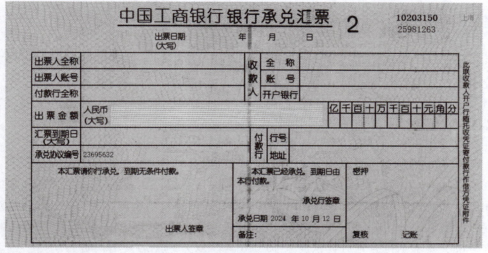

图2-7-22 银行承兑汇票（2）

任务 8　其他结算收支方式业务办理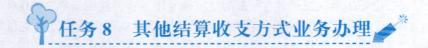

任务描述

1. 2024 年 10 月 22 日，上海美嘉数字科技股份有限公司行政专员陈欣来到财务部，提交了经领导审批的付款申请单，要求支付本月召开的"第三季度公司业务总结"会议费。经与会计主管商议，出纳胡霞决定采用同城业务支付凭证支付这笔费用。出纳胡霞需要完成以下工作任务：

（1）填写同城业务支付凭证。

（2）办理同城业务支付凭证付款业务。

2. 2024 年 10 月 25 日，上海美嘉数字科技股份有限公司与浙江金鹏电子科技集团公司签订采购合同，采购服务器 2 台，服务器当天已经发出。10 月 27 日，上海美嘉数字科技股份有限公司收到开户银行转来的浙江金鹏电子科技集团公司托收承付凭证及相关单证，要求承付服务器货款，共 40 680 元，双方约定运费由销货方承担，当天已收到服务器。出纳胡霞需要完成以下工作任务：

（1）将托收单证交采购部门审核。

（2）通知开户银行付款。

学习目标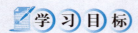

（一）专业能力目标

1. 了解同城业务支付凭证付款业务，并能够根据相关原始凭证进行账务处理。
2. 掌握托收承付付款业务，根据相关原始凭证进行账务处理。
3. 掌握同城业务支付凭证，办理同城业务付款支付凭证付款业务。
4. 熟悉托收承付付款业务。

（二）职业素养目标

1. 了解并掌握相关的财务法规和会计制度规定。
2. 培养细致认真、遵守财务规范的工作态度。

（三）通用能力目标

1. 具备自我学习及解决问题的能力。
2. 具备计算机应用能力。
3. 具备良好的交流沟通能力。

知识准备

（一）同城业务支付凭证结算方式

1. 同城业务支付凭证的概念及适用范围

上海地区专有一种常用的同城结算方式，即同城业务支付凭证（同贷记凭证）。同城业务支付凭证是由付款人签发，委托付款人开户行，向收款人开户行账户内支付款项的一种结算方式。这种结算方式适用于同城单位之间各种款项的支付，参加上海地区票据交换。

2. 同城业务支付凭证的基本规定

（1）同城业务支付凭证只能提交给付款人开户行办理转账，不得支取现金，不得流通转让。

（2）同城业务支付凭证的有效期是自签发日起3日，超过有效期的，付款人开户行不予受理。

（3）同城业务支付凭证的大小写金额、签发日期、收款人名称、付款人名称不得更改，更改的凭证无效。

3. 同城业务支付凭证的结算流程

同城业务支付凭证分为左右两联，左边是银行记账联，右边为回单联，如图2-8-1所示。付款人在银行记账联客户签章处加盖预留银行印鉴，送交开户银行委托付款。银行审核无误后，将回单联退回付款人。

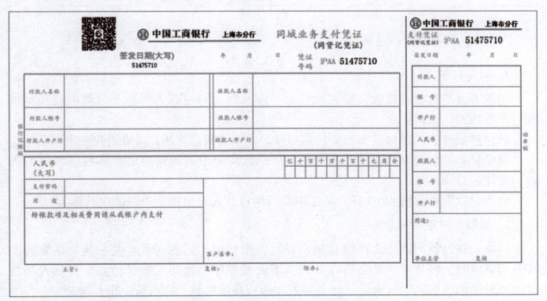

图2-8-1 同城业务支付凭证（1）

同城业务支付凭证结算流程如下：

（1）付款人签发同城业务支付凭证并于当日提交到自己的开户银行。

(2) 付款人开户行审核无误后,将回单联交还付款人作为付款记账凭证。
(3) 付款人开户行向收款人开户行划拨。
(4) 收款人开户行收妥款项,将收款回单传递给收款人作为收款记账凭证。

4. 转账支票和同城业务支付凭证的对比

转账支票和同城业务支付凭证最大的共同点是都属于同城结算方法,它们在使用中都是见票即付。两者的对比如表 2-8-1 所示。

表 2-8-1 转账支票和同城业务支付凭证的对比

比较项目	转账支票	同城业务支付凭证
信用属性	商业信用	商业信用
适用地域范围	主要用于同城	同城
提示付款	见票提示付款	出票提示付款
提示付款期限	10 日	3 日
结算金额	出票金额	出票金额
票据联次	2	2
票据流程	可顺汇可逆汇	顺汇
出票人	付款单位	付款单位
流通转让	可以	不可以
收款人风险	有	无

(二) 托收承付付款业务

1. 承兑付款

付款人开户行收到托收凭证和附件后,应及时通知付款人付款。付款人应在承付期内审查核对,安排资金。

承付货款分为验单付款和验货付款两种,由双方商量选用,并在合同中明确规定。

验单付款的承付期为 3 日,从付款人开户行发出承付通知的次日算起(承付期内遇法定休假日顺延)。

验货付款的承付期为 10 日,从运输部门向付款人发出提货通知的次日算起。

2. 通知开户银行付款

付款人在付款期内,未向银行提出异议,银行视作同意付款,并在付款期满的次日开始营业时,将款项主动划给收款人。不论是验单付款还是验货付款,付款人都可以在承付期内提前向银行表示承付,并通知银行提前付款,银行应立即办理划款。

付款人在承付期满日银行营业终了时,如无足够资金支付,其不足部分,即为逾期未付款项,按逾期付款处理。付款人开户行对付款人逾期支付的款项,应当根据逾期付款金额和逾期天数,按每天 0.5‰ 计算逾期付款赔偿金。当付款人账户有款时,开户银行必须将逾期未付款项和应付的赔偿金及时扣划给收款人,不得拖延扣划。

付款人如果提出拒绝付款,必须填写"拒绝付款理由书"并签章,注明拒绝付款理由,涉及合同的应引证合同上的有关条款。属于商品质量问题,需要提出商品检验部门的检验证明;属于商品数量问题,需要提出数量问题的证明及其有关数量的记录;属于外贸部门进口商品,应当提出国家商品检验或运输等部门出具的证明。

在承付期内,存在以下几种情形,可向银行提出全部或部分拒绝付款:

(1)没有签订购销合同或购销合同未订明托收承付结算方式的款项。

(2)未经双方事先达成协议,收款人提前交货或因逾期交货付款人不再需要该项货物的款项。

(3)未按合同规定的到货地址发货的款项。

(4)代销、寄销、赊销商品的款项。

(5)验单付款,发现所列货物的品种、规格、数量、价格与合同规定不符,或货物已到,经查验货物与合同规定或发货清单不符的款项。

(6)验货付款,经查验货物与合同规定或与发货清单不符的款项。

(7)货款已经支付或计算有错误的款项。

不属于上述情况的,付款人不得向银行提出拒绝付款。

任务实施

(一)同城业务支付凭证结算方式办理流程

出纳办理同城业务支付凭证付款业务流程如图2-8-2所示。

	开户银行	财务部门		
		出纳	信息化	会计主管
步骤一		填写同城业务支付凭证		
步骤二				加盖财务专用章
步骤三				
步骤四	受理付款业务	到银行办理付款		
步骤五		同城业务支付凭证回单	信息化处理	

图2-8-2 同城业务支付凭证付款业务流程

步骤一:填写同城业务支付凭证。

(1)出纳审核付款申请单,并查询企业基本存款账户的存款余额,在确定银行存款余额大于付款金额后,填写同城业务支付凭证。

（2）出纳根据付款申请单填写同城业务支付凭证银行记账联和回单联，包括签发日期（大写）、付款人信息、收款人信息、人民币大小写、用途等信息。

（3）凭证填写完成进行盖章，盖章完成如图2-8-3所示。

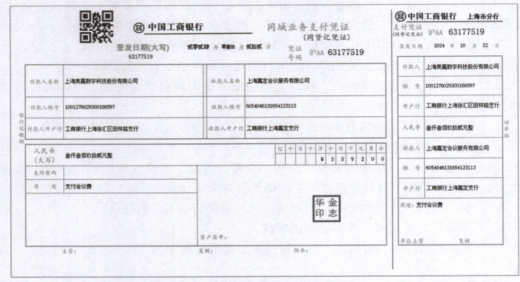

图2-8-3 同城业务支付凭证（2）

步骤二：加盖财务专用章。

打开同城业务支付凭证，加盖财务专用章，盖章完成如图2-8-4所示。

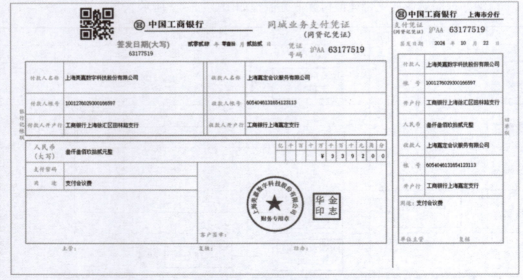

图2-8-4 已盖财务专用章的同城业务支付凭证

步骤三：到银行办理付款。

出纳将同城业务支付凭证准备完毕后，就可以到银行办理付款了。将单据交予开户银行，银行受理完该业务后，将回单联交给出纳。支付凭证如图2-8-5所示。

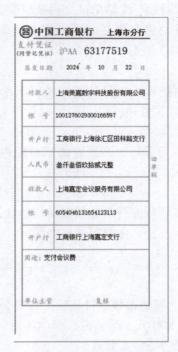

图 2-8-5 支付凭证

步骤四：信息化处理。

（1）出纳将会议费发票、付款申请单、同城业务支付凭证回单联交给会计，会计编制记账凭证。

（2）记账凭证编制完成后，会计主管审核记账凭证。

（二）托收承付付款业务办理流程

出纳办理托收承付付款业务流程如图 2-8-6 所示。

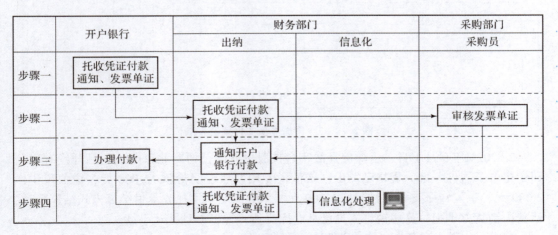

图 2-8-6 托收承付付款业务流程

步骤一：将托收凭证付款通知、发票单证交付款单位。

在承付阶段，购货单位开户银行将托收凭证付款通知及所附单证送交购货单位，通知承付货款。

步骤二：审核发票单证。

出纳收到开户银行发来的托收凭证付款通知及所附单证后，根据经济合同对单据进行审核，并将单证交采购部门进行复核。

步骤三：通知开户银行付款。

出纳和采购部门复核单证无误后，在规定的承付期内，通知开户银行付款，银行据此划转款项。

步骤四：信息化处理。

（1）出纳将采购发票、托收凭证付款通知联交给会计，会计编制记账凭证。

（2）记账凭证编制完成后，会计主管审核记账凭证。

任务实训

1. 2024年11月25日，上海美嘉数字科技股份有限公司行政部收到电力公司转来的本月电费发票，注明金额2 800元，增值税税额364元，行政专员将审批通过的付款申请单交财务部，由出纳办理同城付款业务。

要求：出纳办理同城付款业务，填写同城业务支付凭证（见图2-8-7）。

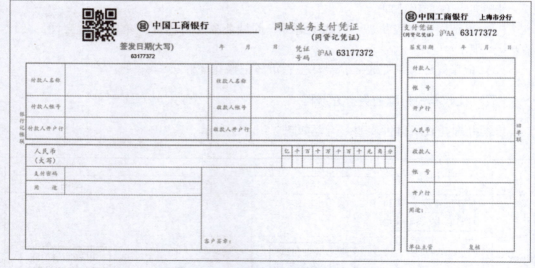

图2-8-7 同城业务支付凭证（3）

2. 2024年9月1日，上海美嘉数字科技股份有限公司向北京电子制品开发有限公司销售电子器件一批，货物已发出，增值税专用发票注明价款16 000元，增值税税额2 080元，签发转账支票支付运费1 200元，双方约定采用托收承付结算方式结算款项，运费由销货方承担，公司销售人员已从仓库提货，并已办理托运手续。

要求：出纳办理托收业务，填写托收凭证（见图2-8-8）。

学习笔记

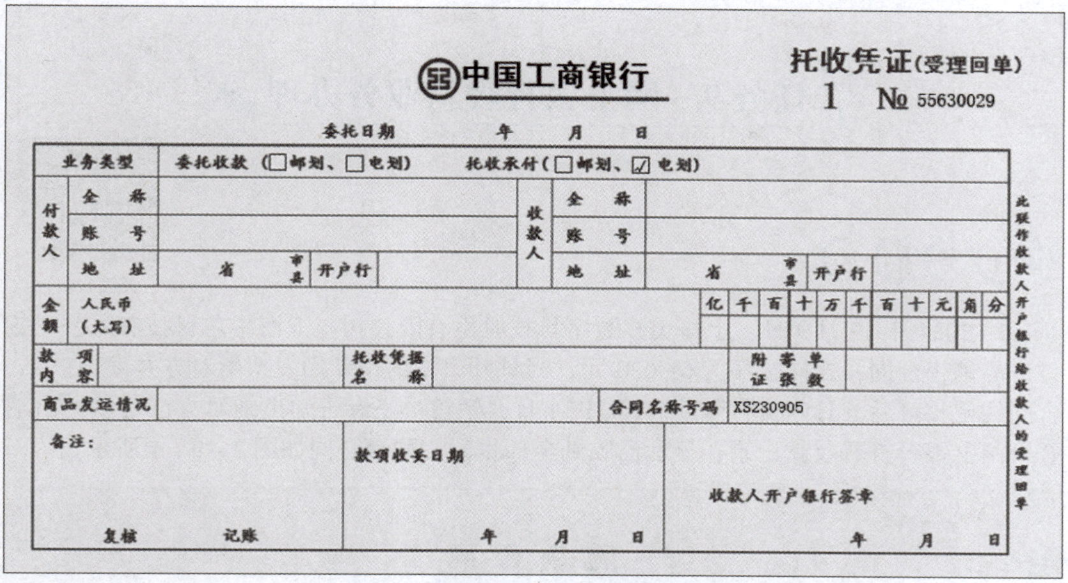

中国工商银行

托收凭证（受理回单）

1　№ 55630029

委托日期　　年　　月　　日

业务类型	委托收款（□邮划、□电划）		托收承付（□邮划、☑电划）			
付款人	全称		收款人	全称		
	账号			账号		
	地址	省　市/县　开户行		地址	省　市/县　开户行	
金额	人民币（大写）		亿 千 百 十 万 千 百 十 元 角 分			
款项内容		托收凭据名称		附寄单证张数		
商品发运情况			合同名称号码	XS230905		
备注： 复核　　记账	款项收妥日期 年　月　日		收款人开户银行签章 年　月　日			

此联作收款人开户银行给收款人的受理回单

图2-8-8　托收凭证（受理回单）

任务9　网上银行收款业务办理

阅读材料

任务描述

1. 2024 年 10 月 9 日，上海美嘉数字科技股份有限公司与上海中芯科技有限公司签订产品销售合同，合同金额为 61 020 元，当日开出增值税专用发票给对方并发出商品，合同约定签订后五日内支付全款。10 月 14 日，销售员王春告知出纳对方已付款，出纳登录网上银行查看收款记录，显示已收到全部货款。购销合同如图 2-9-1 所示。

购销合同

合同编号：61378286

购货单位（甲方）：上海中芯科技有限公司
供货单位（乙方）：上海美嘉数字科技股份有限公司

根据《中华人民共和国民法典》及国家相关法律、法规之规定，甲乙双方本着平等互利的原则，就甲方购买乙方货物一事达成以下协议。

一、货物的名称、数量及价格：

货物名称	规格型号	单位	数量	单价	金额	税率	价税合计
计算机辅助设计软		套	1	54,000.00	54,000.00	13%	61,020.00
合计（大写）	陆万壹仟零贰拾元整						¥61,020.00

二、交货方式和费用承担：交货方式：销货方送货　　，交货时间：2024年10月16日　前，
交货地点：甲方指定　　　，运费由　购货方　承担。
三、付款时间与付款方式：甲方在合同签订后五日内支付全款。
四、质量异议期：订货方对供货方的货物质量有异议时，应在收到货物后　五日　内提出，逾期视为货物质量合格。
五、未尽事宜经双方协商后作出补充，与本合同具有同等效力。
六、本合同自双方签章、盖章之日起生效，本合同壹式贰份，甲乙双方各执壹份。

甲方（签章）：　　　　　　　　　　乙方（签章）：
授权代表：黄中华　　　　　　　　　授权代表：金志华
地　　址：上海市黄浦区人民大道369号　地　　址：上海市徐汇区桂平路418号漕河泾
电　　话：021-36262316　　　　　　电　　话：021-34590759
日　　期：2024 年 10 月 09 日　　　日　　期：2024 年 10 月 09 日

图 2-9-1　购销合同

出纳胡霞需要完成以下工作任务：
（1）登录网上银行查询并打印回单。

学习笔记

（2）办理网银收款业务。

2. 2024 年 10 月 16 日，上海美嘉数字科技股份有限公司组织举办了客户业务培训会，培训费用为每家 1 908 元，培训时间为 10 月 16—17 日，企业会议报到时已经领收发票，如图 2－9－2～图 2－9－4 所示。

电子发票（增值税普通发票）

发票号码：23312000000015157231
开票日期：2024年10月16日

购买方信息	销售方信息
名称：上海中芯科技有限公司 统一社会信用代码/纳税人识别码：913101167989787841	名称：上海美嘉数字科技股份有限公司 统一社会信用代码/纳税人识别码：91310104M268989335

项目名称	规格型号	单位	数量	单价	金额	税率/征收率	税额
*技术咨询服务*业务培训费		次	1	1800	1800.00	6%	108.00
合　　计					¥1800.00		¥108.00
价税合计（大写）	⊗壹仟玖佰零捌元整				（小写）	¥1908.00	
备注							

开票人：胡霞

图 2－9－2　增值税普通发票（1）

电子发票（增值税普通发票）

发票号码：23312000000015157232
开票日期：2024年10月16日

购买方信息	销售方信息
名称：昆山合生光学电子有限公司 统一社会信用代码/纳税人识别码：91320583672507959F	名称：上海美嘉数字科技股份有限公司 统一社会信用代码/纳税人识别码：91310104M268989335

项目名称	规格型号	单位	数量	单价	金额	税率/征收率	税额
*技术咨询服务*业务培训费		次	1	1800	1800.00	6%	108.00
合　　计					¥1800.00		¥108.00
价税合计（大写）	⊗壹仟玖佰零捌元整				（小写）	¥1908.00	
备注							

开票人：胡霞

图 2－9－3　增值税普通发票（2）

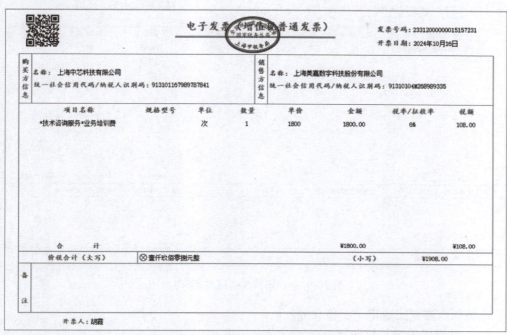

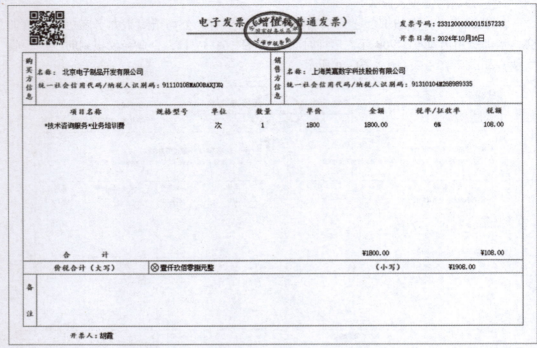

图 2-9-4 增值税普通发票（3）

出纳胡霞需要完成以下工作任务：
(1) 登录网上银行打印回单。
(2) 办理网银收款业务。

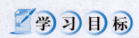

（一）专业能力目标

1. 能够正确办理网上银行收款业务，并能够根据相关原始凭证进行账务处理。
2. 能够根据工作任务，正确办理销售商品网上银行收款业务。
3. 能够根据工作任务，正确办理技术服务网上银行收款业务。

（二）职业素养目标

1. 了解并掌握《中华人民共和国会计法》等相关财务法规和会计制度规定。
2. 培养细致认真、严格遵守财务规范和会计职业道德的工作态度。

（三）通用能力目标

1. 具备自我学习及解决问题的能力。
2. 具备计算机应用能力。
3. 具备良好的交流沟通能力。

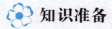 **知识准备**

（一）开通网上银行

企业网上银行是指通过互联网或专线网络，为企业客户提供账户查询、转账结算、在线支付等金融服务的渠道，根据功能、介质和服务对象的不同可分为普及版、标准版和中小企业版。其业务功能分为基本功能和特定功能。基本功能包括账户管理、网上汇款、在线支付等；特定功能包括贵宾室、网上支付结算代理、网上收款、网上信用证、网上票据和账户高级管理等。在银行开立账户、信誉良好的企业客户（包括企业、行政事业单位、社会团体等）均可开通企业网上银行。

不同银行的开通流程和需要的申请资料有所差异，企业可以根据自身资金账户办理，向相应的银行申请。

开立对公结算账户的企业，可到营业网点注册企业网上银行并申请U盾，下面以中国工商银行为例介绍网上银行开通流程，如图2-9-5所示。

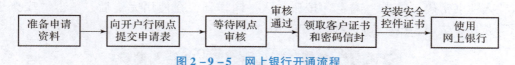

图2-9-5　网上银行开通流程

（1）准备申请资料：仔细阅读有关资料，包括《中国工商银行电子银行章程》《中国工商银行电子银行企业客户服务协议》及有关介绍材料。准备相关资料，包括企业营业执照正本或副本；经办人身份证件（经办人非法定代表人或单位负责人，还应出具单位负责人的身份证件及企业委托授权书，网点可能会根据实际情况，要求提供户口簿、机动车驾驶证等其他身份辅助证明材料）；预留印鉴；开户行网点需要的其他材料。

（2）向开户行网点提交申请表：登录中国工商银行网上银行下载并打印（或到网点领用）"网上银行企业客户注册申请表"，填写完成后加盖企业法人代表或授权代理人的印章和企业公章。

（3）等待网点审核：将申请和准备好的资料提交给申办银行网点，等待审核通过，在收到申请表的两周之内，工行将通过电话、电子邮件或信函给予客户答复。对于未通过工行审批的，申请材料原件将退回给客户。

（4）领取客户证书和密码信封：审核通过后，支付费用，领取客户证书、密码信封以及U盾（U-key）。

（5）安装安全控件证书，使用网上银行：工行会将客户端安全代理软件发送给客户，客户按安装说明在中国工商银行官网下载并安装安全控件和证书驱动以后，即可进行网上银行的相关操作。

提示：

1）准备申请材料。《网上银行企业客户注册申请表》《企业或集团外常用账户信息表》《企业贷款账户信息表》《客户证书信息表》和《分支机构信息表》等表格可向开户银行索取。

2) 不同银行对申请材料的要求会有所差异。

(二) 登录网上银行

网上银行有普及版和证书版两种登录形式。登录普及版能查询账面余额,而登录证书版除查询余额以外,还可以进行网上汇款业务办理,因此企业多选择证书版登录网上银行。

1. 普及版

首先进入中国工商银行网站主页,然后选择"企业网上银行登录";再选择"企业网上银行普及版"登录,依次输入卡号、密码和验证码,单击"登录"按钮进入。在使用完毕后,单击"安全退出"按钮,以确保账户安全。

2. 证书版

首先进入中国工商银行网站主页,然后选择"企业网上银行登录",插入企业网上银行证书,选择"U盾登录企业网上银行"(U盾如图2-9-6所示),选择证书,依次输入证书密码,单击"确定"按钮进入。同样地,在使用完毕后,单击"安全退出"按钮,拔出客户证书以确保账户安全。

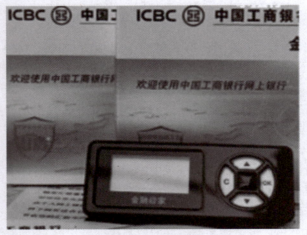

图2-9-6 U盾

(三) 网上银行电子回单

1. 电子回单的基本内容

电子回单是企业开户银行提供的以电子化方式查询、打印和补打回单的功能。电子回单是反映企业银行账户上资金流动的凭证。

电子回单有两种打印方式:银行柜台查询打印和网银查询打印。

2. 电子回单的注意事项

(1) 银行的电子回单不能作为收款人的发货依据。

(2) 电子回单只能申请一次。如果要补打只能在账户管理功能区的回单查询功能进行查询或补打。

（3）客户不能对当日明细或者历史明细中的同一笔指令重复产生电子回单。

（4）客户只能对其使用的企业网上银行客户证书申请的电子回单进行补打。

（四）企业销售与收款流程

销售与收款是企业日常运营中必不可少的环节，是企业建立良好财务体系的核心。

1. 销售与收款的定义

销售是指企业通过向客户提供产品或服务，并收取相应费用的商业活动。收款是指客户支付货款或服务费用到企业账户中的过程。

2. 销售与收款的流程

（1）销售流程。

销售流程通常包含以下步骤：

①了解客户需求：销售人员通过与客户沟通，了解客户的需求和期望，以便为客户提供更好的产品或服务。

②提供报价单：销售人员提供一份详细的报价单，列出产品或服务的详细信息、价格和相关条款。

③签署销售合同：当客户接受报价后，销售人员与客户签署销售合同，明确双方的责任和义务。

④发货：企业将产品或服务提供给客户，同时提供发票和送货单等相关单据。

（2）收款流程。

收款流程通常包含以下步骤：

①开立发票：企业开具正式发票，明确应收款项的金额和期限。

②催款：在款项到期之前，企业通过电话、邮件或短信等方式提醒客户付款。

③收款：客户通过银行转账、支付宝、微信等方式将款项支付到企业账户中。

④核对收款：企业出纳核对银行账单和收款记录，确保款项到账且金额正确。

3. 销售与收款的注意事项

（1）签署的销售合同应当明确双方的权利和义务，防止因双方理解不同而引发纠纷。

（2）开具的发票应当清晰、准确，以避免客户对账单产生疑问。

（3）企业应当及时催款，确保账款能够按时到账。

（4）收款记录应当及时记录并核对，确保账目清晰、准确。

（5）遇到拖欠款项的客户，应当及时采取法律手段维护企业权益。

销售与收款是企业日常运营中的重要流程，企业应当建立完善的销售与收款体系，确保资金流动的准确性和及时性。

提示：

不同的企业会有不同的销售与收款制度，根据业务类型的不同，可能出现先开票后收款或者先收款后开票的情况，具体流程按照企业销售与收款制度和合同约定内容确定。

学习笔记

企业销售部门应该与财务部门及时沟通，按照企业的销售与收款制度分别完成签订合同、开具发票、发出商品、收取款项等工作，及时传递各项工作的进度，提高企业资金流动的效率。

（五）技术服务收入

常见的技术服务主要有以下几种：

（1）信息服务：与客户建立长期、稳定的联系，及时取得客户对产品的各种意见和要求，指导用户正确使用与保养产品。

（2）安装调试服务：根据客户要求在现场安装调试产品或者远程指导客户安装产品。

（3）维修服务：维修服务一般分为定期与不定期两类。定期维修是按产品维修计划和服务项目所规定的维修类别进行维修。不定期维修是指产品在运输和使用过程中由于偶然事故而需要提供的维修服务。

（4）供应服务：向客户提供产品的有关备品配件和易损件。

（5）检测服务：对产品进行测试、检查、监控的服务。

（6）技术文献服务：向客户提供产品说明书、使用说明书、维修手册以及易损件、备件设计资料等有关技术文件的服务。

（7）培训服务：为客户培训操作和维修人员的服务。

任务实施

（一）销售商品网上银行收款业务办理流程

出纳办理网上银行收款业务流程如图 2-9-7 所示。

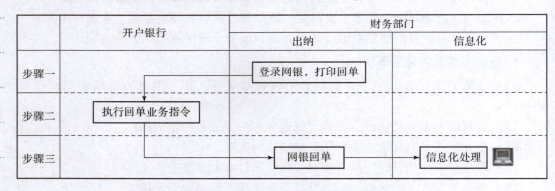

图 2-9-7　网上银行收款业务流程

步骤一：登录网银，打印回单。

（1）登录网银后，进入"账户管理"页面。

（2）在"账户管理"页面中，找到"电子对账单"选项，并点击进入。

（3）在"电子对账单"页面中，选择需要下载的账户和对账期间，并单击"查询"按钮。

（4）查询出对应的账户对账单后，单击"下载"按钮，即可下载电子版的回单，如图 2-9-8 所示。

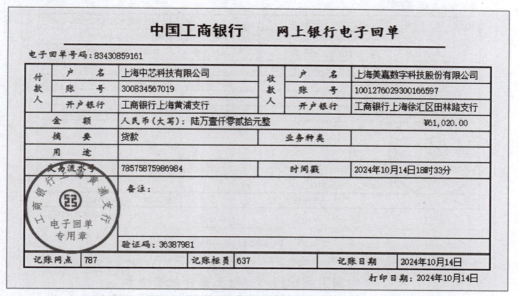

图 2-9-8　网上银行电子回单（1）

需要注意的是，如果需要纸质版的回单，可以前往银行柜台进行申请。

步骤二：执行回单业务指令。

此步骤由银行系统自动执行。

步骤三：信息化处理。

（1）出纳将网上银行电子回单和相关票据交给会计，会计编制记账凭证。

（2）会计新增凭证后，由会计主管审核记账凭证，出纳登记银行存款日记账。

（二）技术服务网上银行收款业务办理流程

步骤一：登录网银，打印回单。

（1）登录网银后，进入"账户管理"页面。

（2）在"账户管理"页面中，找到"电子对账单"选项，并点击进入。

（3）在"电子对账单"页面中，选择需要下载的账户和对账期间，并单击"查询"按钮。

（4）查询出对应的账户对账单后，单击"下载"按钮，即可下载电子版的回单，如图 2-9-9 和图 2-9-10 所示。

需要注意的是，如果需要纸质版的回单，可以前往银行柜台进行申请。

步骤二：执行回单业务指令。

此步骤由银行系统自动执行。

步骤三：信息化处理。

（1）出纳将服务费发票、网上银行电子回单交给会计，会计编制记账凭证。

（2）会计新增凭证后，由会计主管审核记账凭证，出纳登记银行存款日记账。

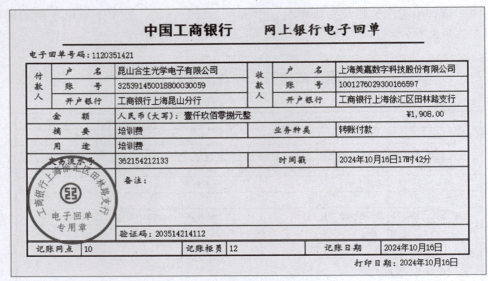

图 2-9-9 网上银行电子回单（2）

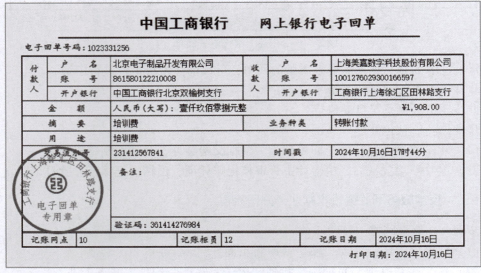

图 2-9-10 网上银行电子回单（3）

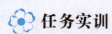 任务实训

1. 2024 年 9 月 20 日，上海美嘉数字科技股份有限公司与上海东方晶圆科技有限公司签订产品销售合同，合同金额为 90 000 元，合同约定签订后五日内支付全款。9 月 23 日，销售员告知出纳对方已经支付全部货款，出纳登录网银查询，显示已收到全部货款，当日将增值税专用发票开给对方并发出货物。

要求：出纳查询网银回单，进行销售商品收款业务处理。

2. 2024 年 10 月 11 日，上海美嘉数字科技股份有限公司与上海中芯科技有限公司签订产品销售合同，合同金额为 41 000 元，签订合同当日收到对方以转账支票预付的货款 10 000 元，合同约定剩余货款于五日内全部付清。10 月 15 日，销售员告知出纳对方已经支付全部货款，出纳登录网银查询，显示已收到全部货款，当日将增值税专用发票开给对方并发出货物。

要求：出纳查询网银回单，进行销售商品收款业务处理（填写 2 笔记账凭证）。

3. 2024 年 10 月 17 日，上海美嘉数字科技股份有限公司安排技术人员到昆山合生光学电子有限公司进行产品安装调试服务，按照企业的收费标准，应收取调试费用 1 200 元（不含税），昆山合生光学电子有限公司当天以网银方式支付调试费用。

要求：出纳查询网银收款记录，办理安装费收款业务。

任务 10　网上银行支付职工薪酬业务办理

任 务 描 述

1. 2024 年 10 月 15 日，上海美嘉数字科技股份有限公司出纳胡霞通过网银支付上月工资，相关单据如图 2－10－1 所示。

图 2－10－1　工资结算表

出纳胡霞应完成以下工作任务：
（1）通过网银发放工资。
（2）打印银行电子回单。

2. 2024 年 10 月 20 日，上海美嘉数字科技股份有限公司支付劳务费，该笔劳务费为聘请专家指导新产品设计研发的费用。相关单据如图 2－10－2 和图 2－10－3 所示。

出纳胡霞应完成以下工作任务：
（1）通过网银支付劳务费。
（2）打印银行电子回单。

项目2　日常资金收付管理

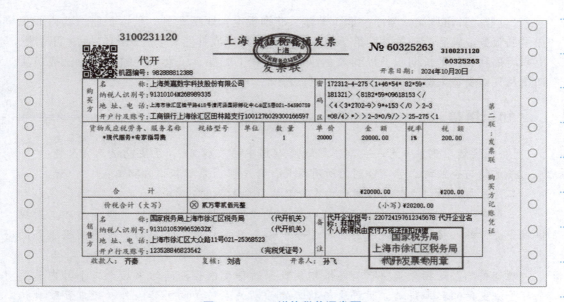

图 2-10-2　劳务费结算表

图 2-10-3　增值税普通发票

学习目标

（一）专业能力目标

1. 能够正确通过网上银行支付职工薪酬，并能够根据相关原始凭证进行账务处理。
2. 能够根据工作任务，通过网上银行正确办理批量支付工资业务。
3. 能够根据工作任务，通过网上银行正确办理单笔支付工资业务。

（二）职业素养目标

1. 了解并掌握《中华人民共和国会计法》等相关财务法规和会计制度规定。
2. 培养细致认真、严格遵守财务规范和会计职业道德的工作态度。

（三）通用能力目标

1. 具备自我学习及解决问题的能力。
2. 具备计算机应用能力。
3. 具备良好的交流沟通能力。

 知识准备

（一）货币性职工薪酬发放与支付的内容

《企业会计准则第9号——职工薪酬》准则规定：职工薪酬，是指企业为获得职工提供的服务或解除劳动关系而给予的各种形式的报酬或补偿。职工薪酬包括短期薪酬、离职后福利和其他长期职工福利。企业提供给职工配偶、子女、受赡养人、已故员工遗属及其他受益人等的福利，也属于职工薪酬。

 知识链接

《企业会计准则第9号——职工薪酬》准则中的"职工"，主要包括三类人员：

一是指与企业订立劳动合同的所有人员，含全职、兼职和临时职工；

二是未与企业订立劳动合同但由企业正式任命的人员；

三是未与企业订立劳动合同或未由其正式任命，但向企业所提供服务与职工所提供服务类似的人员，包括通过企业与劳务中介公司签订用工合同而向企业提供服务的人员。

短期薪酬，是指企业在职工提供相关服务的年度报告期间结束后十二个月内需要全部予以支付的职工薪酬，因解除与职工的劳动关系给予的补偿除外。短期薪酬具体包括：职工工资、奖金、津贴和补贴，职工福利费，医疗保险费、工伤保险费和生育保险费等社会保险费，住房公积金，工会经费和职工教育经费，短期带薪缺勤，短期利润分享计划，非货币性福利以及其他短期薪酬。

带薪缺勤，是指企业支付工资或提供补偿的职工缺勤，包括年休假、病假、短期伤残、婚假、产假、丧假、探亲假等。

利润分享计划，是指因职工提供服务而与职工达成的基于利润或其他经营成果提供薪酬的协议。

离职后福利，是指企业为获得职工提供的服务而在职工退休或与企业解除劳动关系后，提供的各种形式的报酬和福利（养老保险费和失业保险费归为此类），短期薪酬和辞退福利除外。

辞退福利，是指企业在职工劳动合同到期之前解除与职工的劳动关系，或者为鼓励职工自愿接受裁减而给予职工的补偿。

其他长期职工福利，是指除短期薪酬、离职后福利、辞退福利之外所有的职工薪酬，包括长期带薪缺勤、长期残疾福利、长期利润分享计划等。

货币性职工薪酬主要针对短期薪酬中除非货币性福利的部分。

（二）工资发放方式

工资发放方式分为两种：一是企业直接用现金发放职工工资；二是通过网上银行发放职工工资。银行代发工资极大地减轻了财务人员的工作量，减少了财务人员因清点现金而发生的差错，因此，目前多数单位都通过银行代发的方式发放工资。

1. 用现金发放职工工资

用现金发放职工工资，出纳需要根据工资发放表中的实发金额，按规定程序填写现金支票后去银行提取现金。发放现金工资给职工时，要求领取工资的职工在工资发放表上签名，表示该员工的现金工资已领取。领取人在签字时，应当场确认现金数量及现金真伪。现金工资发放完毕后，出纳应在工资表上加盖现金付讫章，然后将工资表交给会计，由会计编制记账凭证并经会计主管审核后，登记现金日记账。

2. 通过网上银行发放职工工资

随着网上银行的普及，目前，大部分公司选择通过网上银行发放职工工资。通过网上银行发放工资有两种形式：批量代发和逐笔支付。在批量代发的形式下，需要企业与银行先签订代发协议，选择代发工资（或代发其他）功能，根据网银指定的格式制作模板，上传网银，总金额核对无误后予以支付（如遇职工账户信息错误会退回错误的金额，核对后再次提交支付）；在逐笔支付的形式下，则由出纳通过支付结算功能，逐笔录入，经复核后予以支付。

（三）职工薪酬的账务处理

对于职工工资、奖金、津贴和补贴等货币性职工薪酬，企业应当在职工为其提供服务的会计期间，将实际发生的职工工资、奖金、津贴和补贴等，根据职工提供服务的受益对象，将应确认的职工薪酬，借记"生产成本""制造费用""合同履约成本""管理费用""销售费用"等科目，贷记"应付职工薪酬——工资"科目。

企业按照有关规定向职工支付工资、奖金、津贴、补贴等，借记"应付职工薪酬——工资"科目，贷记"银行存款""库存现金"等科目；企业从应付职工薪酬中扣除的各种款项（代垫的职工家属医药费、个人所得税等），借记"应付职工薪酬"科目，贷记"银行存款""库存现金""其他应付款""其他应收款""应交税费——应交个人所得税"等科目。

对于职工福利费，企业应当在实际发生时按照实际发生额计入当期损益或相关资产成本，借记"生产成本""制造费用""管理费用""销售费用"等科目，贷记"应付职工薪酬——职工福利费"科目。

企业向职工提供辞退福利的，应当在"企业不能单方面撤回因解除劳动关系或裁减所提供的辞退福利时"和"企业确认涉及支付辞退福利的重组相关的成本或费用时"

两者孰早日,确认辞退福利产生的职工薪酬负债,并计入当期损益,借记"管理费用"科目,贷记"应付职工薪酬——辞退福利"科目。

(四)劳务费税务处理

劳务费,即个人所得税中的劳务报酬,是指个人独立从事各种非雇佣的各种劳务所取得的。它与工资薪金所得的区别在于劳务报酬是独立个人从事自由职业取得的所得,而工资薪金所得属于非独立个人劳务活动,即在机关和企事业单位中任职、受雇而得到的报酬,存在雇佣与被雇佣关系。

劳务报酬所得是指个人从事设计、装潢、安装、制图、化验、测试、医疗、法律、会计、咨询、讲学、新闻、广播、翻译、审计、书画、雕刻、影视、录音、录像、演出、表演、广告、展览、技术服务、介绍服务、经纪服务、代办服务以及其他劳务取得的所得。

自然人取得劳务报酬所得,由向个人支付所得的单位或个人为扣缴义务人,依法预扣预缴或代扣代缴个人所得税税款。

劳务报酬所得以收入减除费用后的余额为收入额。预扣预缴税款时,劳务报酬所得每次收入不超过4 000元的,减除费用按800元计算;每次收入4 000元以上的,减除费用按收入的20%计算。

计算公式如下:

预扣预缴应纳税所得额 = 劳务报酬(少于4 000元) - 800元

= 劳务报酬(超过4 000元) × (1 - 20%)

应纳税额 = 应纳税所得额 × 适用税率 - 速算扣除数

劳务报酬所得适用个人所得税预扣率表,如表2-10-1所示。

表2-10-1 居民个人劳务报酬所得预扣率表

级数	预扣预缴应纳税所得额	预扣率/%	速算扣除数
1	不超过20 000元	20	0
2	超过20 000元至50 000元的部分	30	2 000
3	超过50 000元的部分	40	7 000

劳务报酬所得,属于一次性收入的,以取得该项收入为一次;属于同一项目连续性收入的,以一个月内取得的收入为一次。

(五)劳务报酬与应付职工薪酬的区别

(1)从适用法律角度来看,应付职工薪酬是指按《中华人民共和国劳动法》规定的用人单位和劳动者签订劳动合同后支付的工资报酬;而劳务报酬一般是根据《中华人民共和国合同法》的有关承揽合同、技术合同、居间合同等规定签订合同而取得的报酬。签订劳动合同的员工,享有《中华人民共和国劳动法》中明确的权利和义务,和用工单位存在着雇佣和被雇佣的关系,用人单位除了支付职工报酬之外,还应履行缴纳社会保险的义务;劳务报酬则不存在这种关系,其劳动具有独立性、自由性,其行为受《中华人民共和国合同法》的调整。

（2）从管理方式上看，领取职工薪酬的员工都记载在企业的职工名册中，并且企业日常都要进行考勤或签到，而领取劳务报酬的人员一般则不这样管理。公司雇用的保姆不属于《中华人民共和国劳动法》中所规定的关系，比如一般公司禁止员工兼职，而保姆则一般同时为几家公司或客户服务，对某一客户按时收费。

（3）从财务核算角度来看，职工薪酬的支付一般通过"应付职工薪酬"科目核算；劳务报酬一般通过"生产成本""管理费用""销售费用"等科目核算。

（4）从税务管理角度看，职工薪酬的支付应用工资表按实列支，并按规定代扣代缴工资薪金类个人所得税；纳税人支付劳务报酬则需要取得相应的劳务发票，并按规定代扣代缴劳务报酬类个人所得税。两种支出的计税方式完全不同。

任务实施

（一）网上银行批量支付职工薪酬业务办理流程

出纳办理网上银行批量支付职工薪酬业务流程如图2-10-4所示。

	开户银行	业务部门		财务部门			单位负责人
		人力资源专员	人力资源主管	出纳	信息化	会计主管	
步骤一		编制工资结算表					
步骤二			审核工资结算表			审核工资结算表	审核工资结算表
步骤三				填制工资代发模板并上传网银			
步骤四						审核网银付款	
步骤五	网银批量支付						
步骤六				网银回单	信息化处理		

图2-10-4 网上银行批量支付职工薪酬业务流程

步骤一：编制工资结算表。
人力资源专员编制工资结算表。
步骤二：审核工资结算表。
人力资源专员编制完工资结算表后，需要提交人力资源主管、会计主管、单位负责人审核签字。
步骤三：填制工资代发模板并上传网银。

出纳从网银下载"代发工资模板—Excel版",根据审核签字的工资结算表填写"金额""汇款用途"等信息,再导入网银提交批量代发工资。代发工资模板如图2-10-5所示。

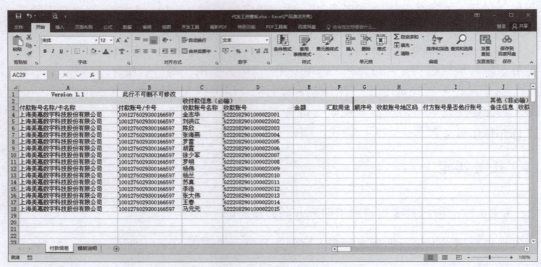

图2-10-5 工资代发模板

步骤四:审核网银付款。

由会计主管使用具有审批权限的U盾登录网银,对出纳提交的代发工资进行审批,完成工资发放。

步骤五:网银批量支付。

银行收到企业的批量代发工资指令后,对款项进行划转,转入收款人账户。

步骤六:信息化处理。

出纳将付款回单和相关票据交给会计,会计编制记账凭证。付款回单如图2-10-6所示。

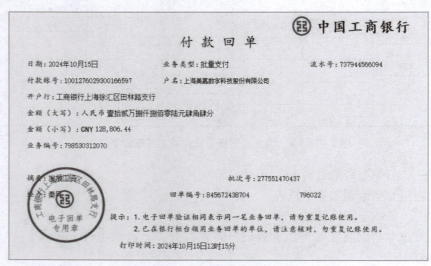

图2-10-6 付款回单

提示：

批量代付数据提交后，单位结算账户被实时扣账，成功的明细实时到账，不成功的明细，其金额当天返还到单位结算户。

（二）网上银行单笔支付职工薪酬业务流程

步骤一：填写付款申请单。

人力资源专员按照业务内容填写付款申请单，填写申请日期、申请部门、付款原因，收款单位（人）、账号、开户银行、金额、付款方式等信息，填写完成如图2-10-7所示。

付款申请单			
申请日期：2024 年 10 月 20 日			
申请部门	人力资源部	申请人	罗明
付款原因	聘请专家指导新产品设计研发劳务费		
收款单位（人）	林国民	账号	6222201221256328631
开户银行	招商银行上海徐汇区人民路支行		
金额（大写）	零佰 零拾 壹万 陆仟 玖佰 陆拾 捌元 零角 零分 ￥16,968.00		
付款方式	□现金 □支票 □银行汇票 □商业承兑汇票 □银行承兑汇票 □银行本票 ✓网银转账 □支付宝 □微信 □其他		
备注			
总经理	财务负责人		部门负责人

图2-10-7 付款申请单

步骤二：审核付款申请单。

（1）付款申请单需由各级领导审批后才能办理付款业务。由人力资源主管在"部门负责人"处签字，如图2-10-8所示。

付款申请单			
申请日期：2024 年 10 月 20 日			
申请部门	人力资源部	申请人	罗明
付款原因	聘请专家指导新产品设计研发劳务费		
收款单位（人）	林国民	账号	6222201221256328631
开户银行	招商银行上海徐汇区人民路支行		
金额（大写）	零佰 零拾 壹万 陆仟 玖佰 陆拾 捌元 零角 零分 ￥16,968.00		
付款方式	□现金 □支票 □银行汇票 □商业承兑汇票 □银行承兑汇票 □银行本票 ✓网银转账 □支付宝 □微信 □其他		
备注			
总经理	财务负责人		部门负责人 徐少军

图2-10-8 部门负责人已签字的付款申请单

(2) 会计主管和总经理分别在"财务负责人"和"总经理"处签字，审批完成如图 2-10-9 所示。

图 2-10-9 已完成审批的付款申请单

步骤三：提交网银付款。

(1) 人力资源专员将完成审批手续的付款申请单交给出纳，出纳收到付款申请单后应逐项审核付款申请单的内容，特别是大小写金额是否正确、是否一致，付款申请单是否经过相关领导的批准，审批人员的字迹是否正确，是否符合企业付款审批流程等。

(2) 审核无误后，出纳用网银支付款项。出纳登录网银，单击"办理业务"按钮，打开"付款业务（逐笔支付）"界面。单击"任务要求"选项，可查看企业背景资料，根据企业背景资料逐笔填写支付信息，包括汇款单位、汇款账号、收款单位、收款账号、收款银行、汇款金额、汇款用途等信息，如图 2-10-10 所示。

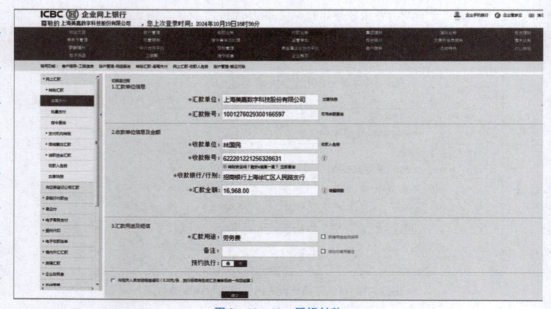

图 2-10-10 网银付款

（3）付款后，出纳应在付完款的付款申请单上加盖"现金付讫""网银付讫"章，说明该款项已办理完毕，以防止重复支付。

步骤四：审核网银付款。

由会计主管使用具有审批权限的 U 盾登录网银，对出纳提交的付款申请进行审批，完成付款。

步骤五：开户银行划转款项。

银行收到企业的付款指令后，对款项进行划转，转入收款人账户。

步骤六：信息化处理。

（1）出纳登录网银系统，查询并打印电子回单，如图 2－10－11 所示。

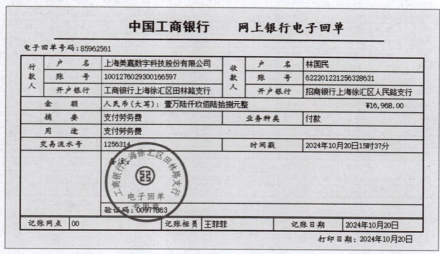

图 2－10－11　网上银行电子回单

（2）出纳将付款申请单、电子回单交给会计，会计编制记账凭证。记账凭证如图 2－10－12 所示。

图 2－10－12　记账凭证

（3）会计新增凭证后，由会计主管在"总账—审核凭证"下审核记账凭证。出纳登记银行日记账。

任务实训

1. 2024 年 11 月 15 日，上海美嘉数字科技股份有限公司出纳收到上月工资结算表，如图 2–10–13 所示。

图 2–10–13　工资结算表

要求：出纳通过网银发放工资，进行批量支付职工薪酬业务处理。

2. 2024 年 11 月 20 日，上海美嘉数字科技股份有限公司聘请专家林国民指导新产品设计研发，当日收到付款申请单、劳务费结算单、增值税发票，付款申请单上显示实付金额为 16 968 元（已减去个人所得税）。

要求：出纳胡霞通过网银支付劳务费，进行单笔支付职工薪酬业务处理。

任务 11　网上银行报销差旅费业务办理

任务描述

1. 2024 年 10 月 14 日，上海美嘉数字科技股份有限公司销售部员工马元元要到深圳参加展销会，到财务部预借差旅费 3 000 元。出纳胡霞需要完成以下工作任务：

（1）审核经领导审批的借款单。

（2）办理借款手续，通过网银付款。

2. 2024 年 10 月 19 日，上海美嘉数字科技股份有限公司销售部员工马元元出差归来，报销差旅费 4 453 元，剩余 1 453 元以网银付讫。相关单据如图 2-11-1~图 2-11-4 所示。出纳胡霞需要完成以下工作任务：

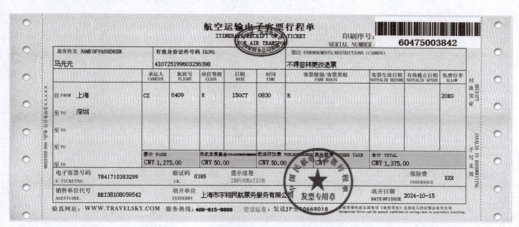

图 2-11-1　航空运输电子客票行程单（1）

图 2-11-2　航空运输电子客票行程单（2）

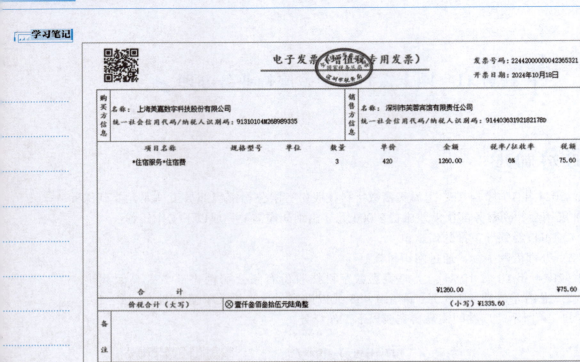

图 2-11-3　增值税专用发票

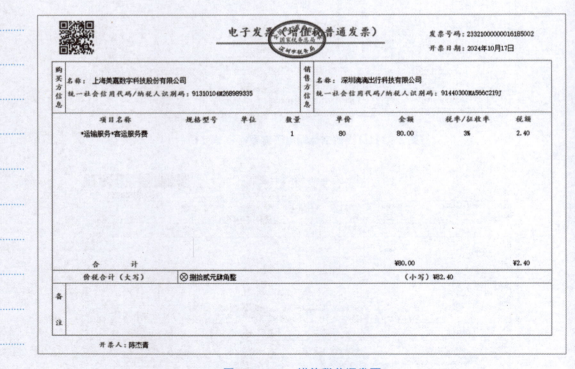

图 2-11-4　增值税普通发票

（1）审核经批准的差旅费报销单。
（2）通过网银支付余款。
（3）核销借款。

学习目标

（一）专业能力目标

1. 能够正确办理网上银行报销差旅费业务，并能够根据相关原始凭证进行账务处理。
2. 能够根据工作任务，审核经领导审批的借款单，办理借款手续，通过网银付款。
3. 能够根据工作任务，审核经批准的差旅费报销单，通过网银支付余款，核销借款。

（二）职业素养目标

1. 了解并掌握《中华人民共和国会计法》等相关财务法规和会计制度规定。
2. 培养细致认真、严格遵守财务规范和会计职业道德的工作态度。

（三）通用能力目标

1. 具备自我学习及解决问题的能力。
2. 具备计算机应用能力。
3. 具备良好的交流沟通能力。

知识准备

（一）预借差旅费业务

借款业务会导致单位的资金外流，所以出纳在处理相关业务时要特别谨慎，注意审核借款单的填写，借款业务的真实性、合理性以及审批程序的完整性。

员工出差借款时，先填写借款单，然后按企业借款制度规定经相关领导审批后，交由出纳审核付款。预借差旅费业务的主要流程如图 2-11-5 所示。

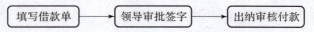

图 2-11-5　预借差旅费业务的主要流程

借款单是企业内部自制单据，如图 2-11-6 所示，一般为一式一联，格式根据需要自行设计。借款单可以在办公用品店购买，也可由企业根据实际情况自行设计并打印使用。

借款单主要填写内容如表 2-11-1 所示。

学习笔记

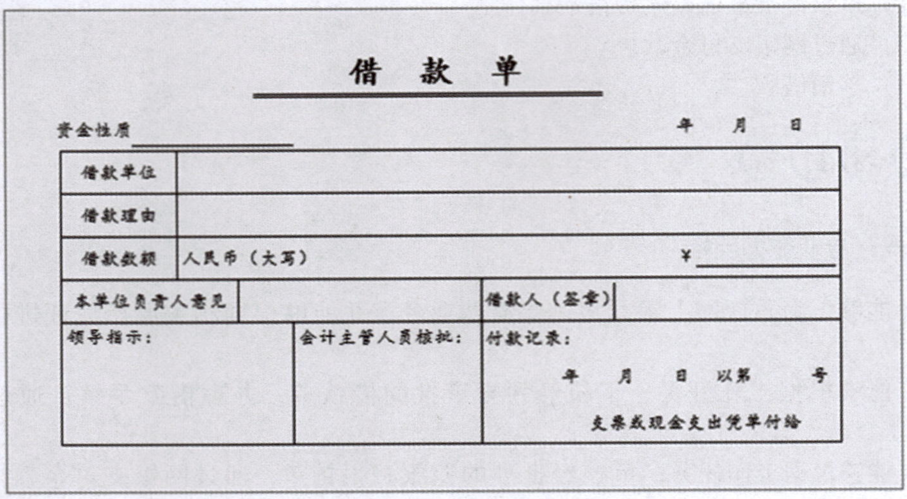

借　款　单

资金性质		年　月　日
借款单位		
借款理由		
借款数额	人民币（大写）	¥
本单位负责人意见		借款人（签章）
领导指示：	会计主管人员核批：	付款记录： 年　月　日以第　号 支票或现金支出凭单付给

图 2－11－6　借款单

表 2－11－1　借款单主要填写内容

填写项目	填写内容	举例
借款日期	借款当天的日期	2024 年 10 月 11 日
借款单位	借款人所在部门	销售部
借款理由	借款的原因	去外地采购材料
借款金额	采用大小写方式填写借款金额	伍仟元整，5 000.00
借款人	借款人的姓名	王春
本单位负责人意见	借款人所在部门负责人签字	张大伟

提示：

借款单的审批流程按照各企业的财务制度而定，不是一成不变的。

（二）差旅费报销制度

差旅费是指员工跨城市出差，发生于出发地与目的地之间的费用，包括但不限于飞机票、火车票、往返机场车站的车费、目的地住宿费、车费等。下面以上海美嘉数字科技股份有限公司差旅费报销制度为例进行介绍。

1. 差旅费报销要求

报销时间：除特殊情况外，报销应于业务发生日期后的 2 个月内报销（以发票日期为准）。

发票开具：发票开具项目名称应和实际发生的业务名称一致，不一致需重开发票。

发票丢失：发票丢失公司不予报销，也不能使用替票报销。

报销人应将发票按时间顺序粘贴在报销单上，经各级领导审批后提交给财务部。

若某一份报销单的附件包含纸质发票和电子发票,需打印电子发票,与纸质发票一起粘贴在报销单后面。

纸质发票:金额大于1 000元必须上传扫描件或照片。

电子发票:任何金额均需要上传PDF原件,照片或打印出来后的扫描件无效。

注意事项:当天开具的发票上传系统无法查验通过,需要次日再上传,因为税务局的票库未及时更新。

报销审批支付:财务部收到原始单据后的3个工作日内,审批并支付报销。

2. 差旅费报销标准(单位:元/天)

(1)住宿及市内车费:北上广深500元以内,省会及计划单列市350元以内,其他城市300元以内,差旅补贴为60元。

提示:

1)"住宿及市内车费"中的交通是在出差目的地的本地交通费,且网约车费应该提供行程单。

2)计划单列市指厦门、宁波、青岛、大连、珠海。

(2)"交通费":往返出发地与目的地之间的交通费,乘坐工具为火车、飞机、轮船、长途汽车,包含往返机场车站的市内交通费,其中长途交通费费用以飞机经济舱为上限报销,高铁/动车5小时以上的可以乘坐飞机。乘坐高铁应选择二等座,选择一等座的按二等座价位报销,如遇到二等座无座位,提供无座位截图,可全额报销一等座金额。出差开私家车的,按实际距离计算,报销标准为80元/100千米(自驾车发生的路桥费另行报销,不包含在该标准内。可接受发票类型为加油票、过路费、停车费),不占市内交通费额度。

(3)火车票、机票退票费报销。

①因不可抗力产生的,正常报销。

②因工作行程调整,需补充提供部门负责人邮件审批文件,方可报销。

(4)从家开车到机场/车站所产生的油费、停车费等可以报销,报销上限为打车费同等金额(专车报销70%)。

(5)出差时间不足一天的,补贴按照一天计算,包吃住的差旅无补贴(如会议、培训)。

(6)经常往返于各城市之间的人员,在到岗时确定的常驻地不报销住宿费。多人一起出差,同性别2人应住一个标间,因个人需求不愿与同性别人合住的,公司只承担标间费用×50%。

(7)公司已购买团体意外险,不再单独报销出差个人购买的意外险,如乘坐飞机/汽车购买的意外险。

(三)差旅费报销流程

1. 单次报销金额≤5 000元的审批流程

员工填写差旅费报销单→部门负责人审核签字→财务主管审核签字→出纳核算报销。

2. 单次报销金额＞5 000 元的审批流程

员工填写差旅费报销单→部门负责人审核签字→财务主管审核签字→总经理审核签字→出纳核算报销。

(四) 差旅费报销单的填制

员工出差回来，必须把出差期间的费用发票整理汇总好再填写差旅费报销单，然后才能报销出差期间的费用。差旅费报销单填写方法如表 2-11-2 所示。

表 2-11-2　差旅费报销单填写方法

填写项目	填写内容
部门	出差人员所在部门
报销日期	填写报销单的日期，为小写日期
出差人	填写出差人员姓名，若有多个可一并填写
出差事由	填写出差目的和主要内容
出发、到达日期	填写出发日期和到达日期，可根据火车票或者机票日期填写
出发、到达地点	填写出发和到达地点，可根据火车票或者机票起止地点填写
交通工具	填写出差乘坐的交通工具，如火车、飞机、汽车等
交通费	写明交通费票据张数和对应的金额，和出发到达日期对应，分行填写
出差补贴	填写出差天数和补助总金额，按照企业的具体报销制度填写
其他费用	包括住宿费、市内车费、邮电费等，按照所取得的发票如实填写，不得超过公司报销标准
合计	各项费用分别合计，用小写金额填写
报销总额	各项费用合计金额加总，用大写金额填写
预借金额	填写出差人员前期预借金额，如果没有预借差旅费，则无须填写
补领金额/退还金额	根据报销总额和预借金额差额填写，报销总额＞预借金额，差额填在补领金额处；相反，则填在退还金额处；如果相等，则无须填写

差旅费报销单应当按照出差次数填写，每出差一次填写一张差旅费报销单，在外连续出差多天可在同一张差旅费报销单中填写。在差旅费报销单的背面，把相关票据粘贴上，要注意粘贴整齐，将票据从小到大进行排列。

(五) 差旅费报销单的审核

差旅费报销单的审核应重点关注以下五个方面：

(1) 出差是否为企业相关负责人安排，是否为必须，是否有经过授权批准的出差申请表。

（2）复核出差线路是否合理或在出差申请表安排的行程中，重点关注是否有绕行旅游或办私事的情况。

（3）检查报销发票、车票、火车票等的真伪。可以借助税务网站和12306网站等查询真伪。

（4）复核差旅费报销的各种费用标准，重点关注限额费用是否有超标的情况发生。

（5）差旅费报销单各级领导审批签字是否齐全。

（六）差旅费中涉及的增值税问题

1. 符合税法规定的交通费可以抵扣进项税额

纳税人购进国内旅客运输服务，其进项税额允许从销项税额中抵扣。纳税人未取得增值税专用发票的，暂按照以下规定确定进项税额：

（1）取得增值税电子普通发票的，为发票上注明的税额。

（2）取得注明旅客身份信息的航空运输电子客票行程单的，按照下列公式计算进项税额：

$$航空旅客运输进项税额 = (票价 + 燃油附加费) \div (1 + 9\%) \times 9\%$$

（3）取得注明旅客身份信息的铁路车票的，按照下列公式计算进项税额：

$$铁路旅客运输进项税额 = 票面金额 \div (1 + 9\%) \times 9\%$$

（4）取得注明旅客身份信息的公路、水路等其他客票的，按照下列公式计算进项税额：

$$公路、水路等其他旅客运输进项税额 = 票面金额 \div (1 + 3\%) \times 3\%$$

2. 符合税法规定的车辆费用可以抵扣进项税额

如果出差驾驶车辆属于企业所有的，出差途中发生的车辆费用，直接按规定抵扣进项税额；如果是租用租车公司的汽车，租赁费和按租赁合同约定承担的费用，直接按规定抵扣进项税额。

3. 符合税法规定的住宿费可以抵扣进项税额

因公出差支付住宿费，取得的增值税专用发票的进项税额是可以抵扣的，但下列情况不能抵扣进项税额：

（1）属于职工福利性质范畴的，比如报销的员工旅游、探亲等情况下的住宿费。

（2）属于员工或股东个人消费的。

（3）属于交际应酬给予客户等报销的。

（4）企业免税项目或简易计税项目编制人员出差发生的差旅费等。

任务实施

（一）网上银行办理员工借款业务流程

出纳办理员工借款业务流程如图2-11-7所示。

	开户银行	业务部门		财务部门			公司负责人
		销售业务员	销售主管	出纳	信息化	会计主管	
步骤一		填写借款单					
步骤二			审批签字			审批签字	审批签字
步骤三		审批通过的借款单		复核借款单提交网银付款			
步骤四					审核网银付款		
步骤五	划转款项						
步骤六				登记借款台账			
步骤七				借款单、电子回单	信息化处理		

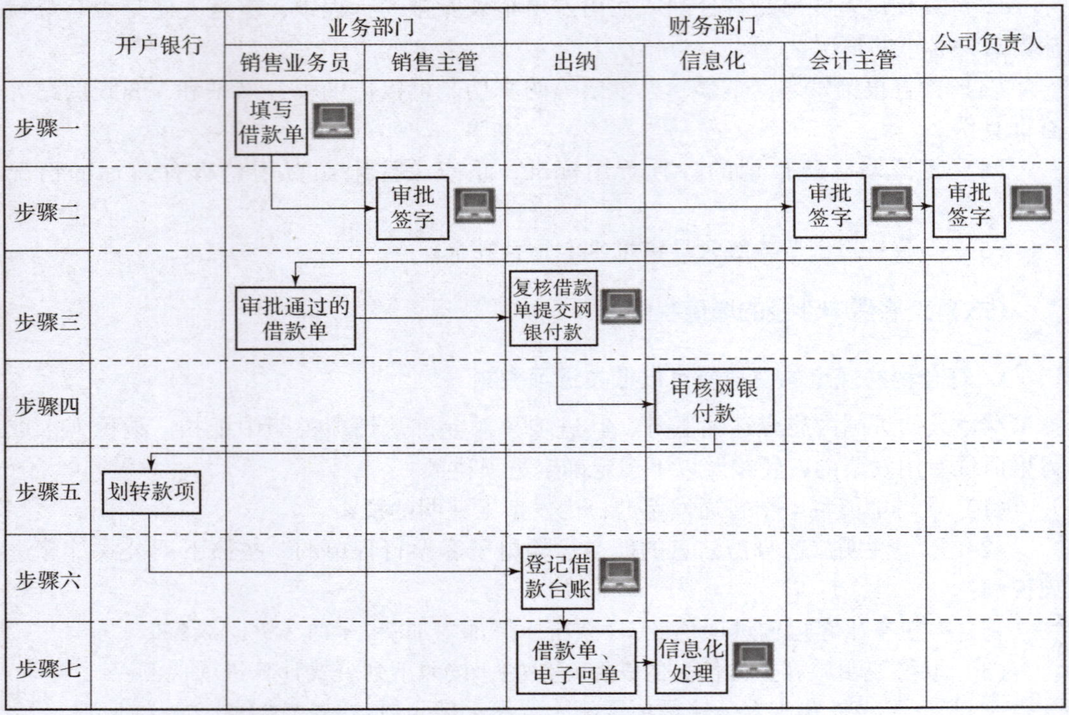

图 2-11-7　办理员工借款业务流程

步骤一：填写借款单。员工按照实际情况填写借款单，填写借款单位、借款理由、借款金额，并在借款人签章处签字，填写完成如图 2-11-8 所示。

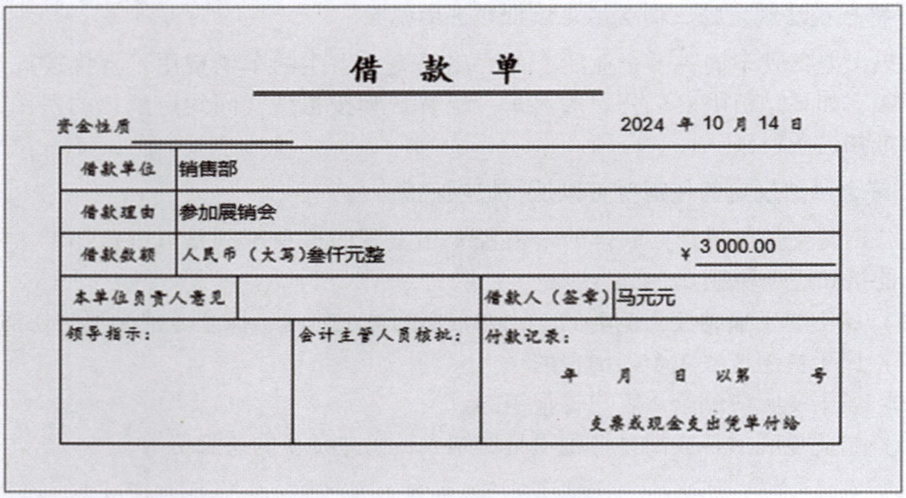

借款单

资金性质　_____　　　　　　　　　2024 年 10 月 14 日

借款单位	销售部		
借款理由	参加展销会		
借款数额	人民币（大写）叁仟元整		￥3 000.00
本单位负责人意见		借款人（签章）	马元元
领导指示：	会计主管人员核批：	付款记录：　年　月　日　以第　号　支票或现金支出凭单付给	

图 2-11-8　借款单

步骤二：审批签字。

借款单需由各级领导审批后才能办理借款业务。

（1）由销售主管在本单位负责人意见处签字，如图 2-11-9 所示。

项目 2　日常资金收付管理

```
                借 款 单

  资金性质                      2024 年 10 月 14 日
  ┌──────────┬─────────────────────────────────────┐
  │ 借款单位  │ 销售部                              │
  ├──────────┼─────────────────────────────────────┤
  │ 借款理由  │ 参加展销会                          │
  ├──────────┼─────────────────────────────────────┤
  │ 借款数额  │ 人民币（大写）叁仟元整     ¥ 3 000.00│
  ├──────────┬──────────┬─────────┬────────────────┤
  │本单位负责人意见 张大伟 │借款人（签章）│马元元    │
  ├──────────┼──────────┼─────────┴────────────────┤
  │领导指示： │会计主管人员核批│付款记录：             │
  │          │               │  年  月  日 以第  号  │
  │          │               │  支票或现金支出凭单付给│
  └──────────┴──────────┴──────────────────────────┘
```

图 2 – 11 – 9　已签字的借款单

（2）财务主管和总经理分别在"会计主管人员核批"和"领导指示"处签字，审批完成如图 2 – 11 – 10 所示。

```
                借 款 单

  资金性质                      2024 年 10 月 14 日
  ┌──────────┬─────────────────────────────────────┐
  │ 借款单位  │ 销售部                              │
  ├──────────┼─────────────────────────────────────┤
  │ 借款理由  │ 参加展销会                          │
  ├──────────┼─────────────────────────────────────┤
  │ 借款数额  │ 人民币（大写）叁仟元整     ¥ 3 000.00│
  ├──────────┬──────────┬─────────┬────────────────┤
  │本单位负责人意见 张大伟 │借款人（签章）│马元元    │
  ├──────────┼──────────┼─────────┴────────────────┤
  │领导指示： │会计主管人员核批│付款记录：             │
  │ 金志华   │ 张海燕        │  年  月  日 以第  号  │
  │          │               │  支票或现金支出凭单付给│
  └──────────┴──────────┴──────────────────────────┘
```

图 2 – 11 – 10　已审批完成的借款单

提示：

各单位的借款审批流程会存在差异，一般需要经过部门主管、财务主管审批，各级领导在自己负责的金额权限内进行审批，是否需要单位负责人审批可以根据金额进行判断，例如 2 000 元以下不需要单位负责人审批，2 000 元以上需要单位负责人审批，具体根据单位的财务规章制度确定。

步骤三：复核借款单，提交网银付款。

（1）借款人将完成审批手续的借款单交给出纳，出纳收到借款单后应逐项审核借款单的内容，特别是要校对借款原因是否准确、清楚填写，大小写金额是否正确、一致，借款是否经过相关领导的批准，审批人员的字迹是否正确，是否符合企业报销审批流程等。

（2）审核无误后，出纳使用 U 盾登录企业网上银行，选择"付款业务"——"转账汇款"——"逐笔支付"功能，进入逐笔支付页面。

根据企业背景资料填写逐笔支付信息，包括汇款单位、汇款账号、收款单位、收款账号、收款银行、汇款金额、汇款用途等信息。填写完成如图 2-11-11 所示。

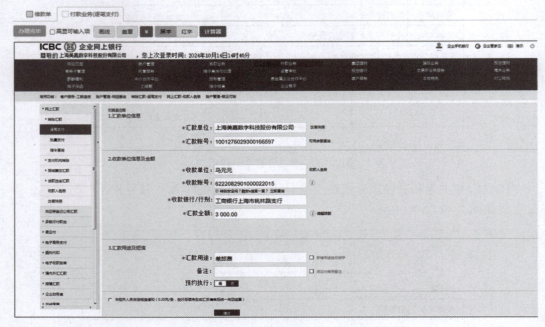

图 2-11-11　企业背景资料填写

输入完毕后，单击"提交"按钮，提交付款审批。

（3）付款后出纳应在付完款的借款单上的付款记录处输入付款日期，加盖"网银付讫"章，说明该款项已办理完毕，以防止重复支付。盖章完成如图 2-11-12 所示。至此借款单填制完成。

图 2-11-12　已盖章的借款单

步骤四：审核网银付款。

由会计主管使用具有审批权限的U盾登录网银，对出纳提交的付款申请进行审批，完成付款。

步骤五：划转款项。

银行收到企业的付款指令后，对款项进行划转，转入收款人账户。

步骤六：登记借款台账。

（1）出纳完成付款操作后，登录网银系统，查询并打印电子回单。网上银行电子回单如图2-11-13所示。

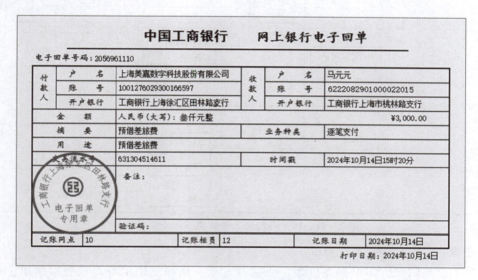

图2-11-13　网上银行电子回单

（2）根据借款单和网上银行电子回单登记"员工借款明细账"，输入所属时间、姓名、部门、摘要、借款金额等信息，填写完成如图2-11-14所示。

编号	姓名	部门	摘要	借款金额	借款日期	还款金额	还款日期	结余金额
1	马元元	销售部	预借差旅费	3 000.00	2023.10.14			

员工借款明细账　所属时间：2024年10月　单位：元

图2-11-14　员工借款明细账

步骤七：信息化处理。

（1）出纳将借款单、电子回单交给会计，会计编制记账凭证。

（2）会计新增凭证后，出纳据以登记银行日记账。

（二）网上银行办理员工差旅费报销业务流程

出纳办理员工差旅费报销业务流程如图 2–11–15 所示。

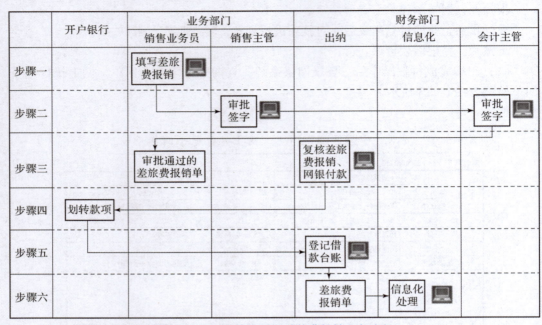

图 2–11–15　办理员工差旅费报销业务流程

步骤一：填写差旅费报销单。

员工出差归来后，根据飞机票、住宿费发票、滴滴发票填写差旅费报销单，包括部门、日期、出差人、出差事由、出发到达信息、交通费、出差补贴、其他费用、报销总额、预借金额、补领金额或退还金额。填写完成如图 2–11–16 所示。

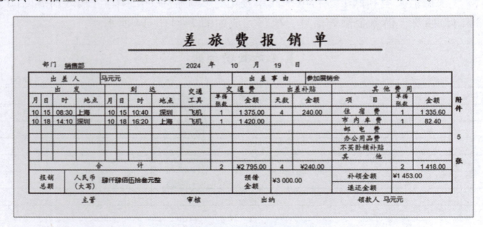

图 2–11–16　差旅费报销单（1）

提示：

通过上海美嘉数字科技股份有限公司差旅费报销制度可知，员工出差补贴为 60 元/天，出差时间不足一天的，补贴按照一天计算。从 10 月 15 日到 10 月 18 日，出差共 4

天，所以出差补贴240元。

步骤二：审批签字。

差旅费报销单需由各级领导审批后才能办理报销业务。

（1）由销售主管在主管处签字。

（2）由会计主管在审核处签字，审批完成后如图2－11－17所示。

差旅费报销单

部门 销售部　　2024 年 10 月 19 日

出差人			马元元						出差事由		参加展销会					
出发				到达				交通工具	交通费		出差补贴		其他费用			附件
月	日	时	地点	月	日	时	地点		单据张数	金额	天数	金额	项目	单据张数	金额	
10	15	08:30	上海	10	15	10:40	深圳	飞机	1	1 375.00	4	240.00	住宿费	1	1 335.60	
10	18	14:10	深圳	10	18	16:20	上海	飞机	1	1 420.00			市内车费	1	82.40	
													邮电费			
													办公用品费			5
													不买卧铺补贴			
													其他			
合计									2	¥2 795.00	4	¥240.00		2	1 418.00	张
报销总额	人民币（大写）		肆仟肆佰伍拾叁元整						预借金额	¥3 000.00			补领金额	¥1 453.00		
													退还金额			

主管 张大伟　　审核 张海燕　　出纳　　领款人 马元元

图2－11－17　差旅费报销单（2）

步骤三：复核差旅费报销单，网银付款。

（1）员工将完成审批手续的差旅费报销单交给出纳，出纳收到差旅费报销单后应逐项审核差旅费报销单的内容，与背景单据进行校对，主要校对各项费用金额是否正确，是否符合单位报销标准，差旅费报销单是否经过相关领导的批准，审批人员的字迹是否正确，是否符合企业报销审批流程等。

审核无误后，比较报销总额和预借金额，收回多借金额或者补付少借金额。在报销完的差旅费报销单上加盖“网银收讫”“网银付讫”章，说明该款项已报销完毕，在出纳处签字。盖章完成如图2－11－18所示。

差旅费报销单

部门 销售部　　2024 年 10 月 19 日

出差人			马元元						出差事由		参加展销会					
出发				到达				交通工具	交通费		出差补贴		其他费用			附件
月	日	时	地点	月	日	时	地点		单据张数	金额	天数	金额	项目	单据张数	金额	
10	15	08:30	上海	10	15	10:40	深圳	飞机	1	1 375.00	4	240.00	住宿费	1	1 335.60	
10	18	14:10	深圳	10	18	16:20	上海	飞机	1	1 420.00			市内车费	1	82.40	
													邮电费			
													办公用品费			5
													不买卧铺补贴			
													其他			
合计									2	¥2 795.00	4	¥240.00	网银付讫	2	1 418.00	张
报销总额	人民币（大写）		肆仟肆佰伍拾叁元整						预借金额	¥3 000.00			补领金额	¥1 453.00		
													退还金额			

主管 张大伟　　审核 张海燕　　出纳 胡颖　　领款人 马元元

图2－11－18　已盖章的差旅费报销单

（2）出纳使用U盾登录企业网上银行，选择“付款业务”—“转账汇款”—“逐笔支付”功能，进入逐笔支付页面，根据企业背景资料填写逐笔支付信息。包括汇款单位、

学习笔记

汇款账号、收款单位、收款账号、收款银行、汇款金额、汇款用途等信息，填写完成如图 2 – 11 – 19 所示。

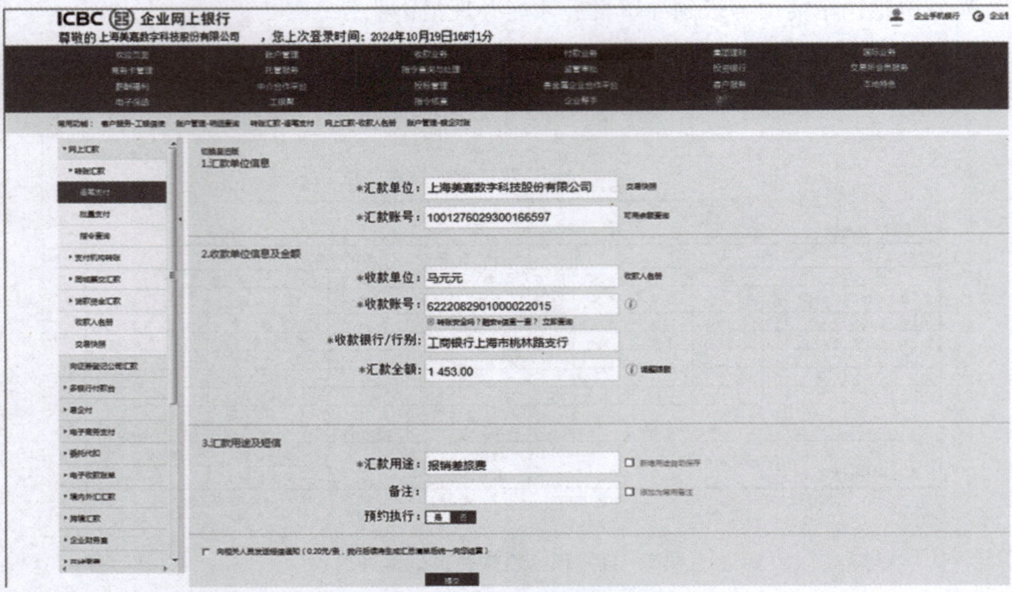

图 2 – 11 – 19　企业背景资料填写

输入完毕后，单击“提交”按钮，提交付款审批。

（3）由会计主管使用具有审批权限的 U 盾登录网银，对出纳提交的付款申请进行审批，完成付款。

步骤四：划转款项。

银行收到企业的付款指令后，对款项进行划转，转入收款人账户。

步骤五：登记借款台账。

（1）出纳完成付款操作后，登录网银系统，查询并打印电子回单。网上银行电子回单如图 2 – 11 – 20 所示。

中国工商银行　　网上银行电子回单

电子回单号码：20569611103612

付款人	户　名	上海美嘉数字科技股份有限公司	收款人	户　名	马元元
	账　号	1001276029300166597		账　号	6222082901000022015
	开户银行	工商银行上海徐汇区田林路支行		开户银行	工商银行上海市桃林路支行
金　额		人民币（大写）：壹仟肆佰伍拾叁元整　¥1,453.00			
摘　要		报销差旅费	业务种类		逐笔支付
用　途		报销差旅费			
交易流水号		631304514611	时间戳		2024年10月19日15时46分
工商银行上海徐汇区田林路支行 电子回单专用章		备注： 验证码：230156249801			
记账网点	10	记账柜员	12	记账日期	2024年10月19日

打印日期：2024年10月19日

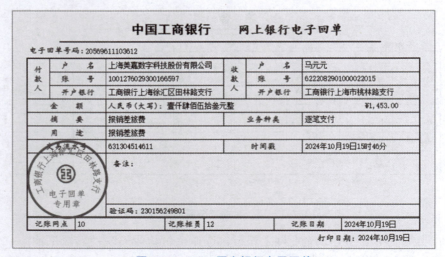

图 2 – 11 – 20　网上银行电子回单

（2）根据差旅费报销单和网上银行电子回单登记"员工借款明细账"，核销员工借款。输入还款金额、还款日期、结余金额等信息，填写完成如图2-11-21所示。

员工借款明细账

所属时间：2024 年 10 月　　　　　　　　　　　　　　　　　　　单位：元

编号	姓名	部门	摘要	借款金额	借款日期	还款金额	还款日期	结余金额
1	马元元	销售部	预借差旅费	3 000.00	2023.10.14	3 000.00	2023.10.19	0.00

图 2-11-21　员工借款明细账

步骤六：信息化处理。
（1）出纳将差旅费报销单、电子回单交给会计，会计编制记账凭证。
（2）会计新增凭证后，出纳据以登记银行存款日记账。

知识链接

网上报销业务办理

网上报销是基于网络的在线报销流程，越来越多的企业采用网上报销流程办理报销业务。和传统报销流程不同，在这一流程下，员工可以在任何时间、从任何地点提交财务报销申请，领导可以通过软件进行业务审批，财务部门对原始凭证审核无误后，自动生成记账凭证，并通过网上银行进行支付。

网上报销实现了无接触式报销及全过程的网上审批，费用预算、报销标准、报销限额通过网上报销系统实时控制，报销原始单据在传递过程中通过条码管理，报销规章制度及填报说明随时可查，可以大幅度提高单位报销效率和水平。

任务实训

1. 2024 年 8 月 20 日，上海美嘉数字科技股份有限公司行政专员陈欣持经批准的借款单，到财务部办理备用金借款，金额 5 000 元，出纳通过网银付讫。
要求：员工填写借款单，出纳通过网银办理付款。
2. 2024 年 9 月 10 日，上海美嘉数字科技股份有限公司研发部员工杨兰要到外地客户处提供技术服务，到财务部预借差旅费 2 000 元，出纳通过网银付讫。
要求：员工填写借款单，出纳通过网银办理付款。
3. 2024 年 10 月 21 日，上海美嘉数字科技股份有限公司采购部员工李浩从北京出差归来，报销差旅费 2 680 元，前期预借差旅费 3 000 元，剩余 320 元以现金交还出纳。
要求：员工填写差旅费报销单，出纳办理借款核销。

4. 2024 年 11 月 10 日，上海美嘉数字科技股份有限公司行政主管刘洪江从杭州出差归来，报销差旅费 1 820 元，前期未预借差旅费，出纳审核差旅费报销单后，以网银支付报销款项。

要求：员工填写差旅费报销单，出纳通过网银办理付款。

 项目评价

请根据下表中的内容对本项目的学习情况进行打分。

姓名：							
班级：			学号：				
			日期：				
考核项目	序号	步骤	配分	评分标准	自评	组评	师评
素养 (30 分)	纪律情况 (10 分)	不迟到、早退	3	违反一次不得分			
		积极思考回答问题	5	根据上课统计情况得 1～5 分			
		"三有一无"（有本、笔、书，无手机）	2	不符合要求不得分			
		执行教师指令	0	此为否定项，违规扣 10～100 分，违反校规按校规处理			
	职业道德 (10 分)	能与他人合作	6	不符合要求不得分			
		追求完美	4	对学习精益求精且效果明显			
	5S (5 分)	座位整洁干净	2	使用的座位整洁无杂物，得 2 分；不合格不得分			
		学习设备使用	2	整洁规范得 2 分，不合格不得分			
		服装整洁、不佩戴饰物	1	全部合格得 1 分			
	综合能力 (5 分)	阅读理解能力	2	能正确描述任务名称及要求得 2 分；表达不完整不得分			
		创新能力（加分项）	3	能在新渠道正确查阅资料，优化基本检查顺序等，视情况得 1～3 分			

续表

姓名：				学号：				
班级：				日期：				
考核项目	序号	步骤	配分	评分标准	自评	组评	师评
知识掌握情况（40分）	理论学习及实训操作	银行本票收、付款业务，根据相关原始凭证进行账务处理	10	正确填制银行进账单，办理银行本票收、付款业务			
		汇票收、付款业务，根据相关原始凭证进行账务处理	10	能正确填写相关单据，独立处理汇票相关业务			
		网上银行收款业务，根据相关原始凭证进行账务处理	10	能登录网银，打印回单，独立处理网上银行收款业务			
		通过网上银行支付职工薪酬、报销差旅费业务，根据相关原始凭证进行账务处理	10	能谨慎审核单据，准确使用网上银行提交付款审批，独立处理网上银行支付业务			
工作页完成情况（30分）	按时完成工作页	及时提交	10	及时完成并提交工作页得10分			
		内容完整度	10	内容不完整，扣1~5分			
		回答准确率	5	回答不准确，扣1~5分			
		独立完成	5	不能独立完成不得分			
总分							
教师评价签字：				组长签字：			

学习笔记

项目3
资金日报表的编制

阅读材料

项目描述

资金日报表是反映现金和银行存款科目在当日借贷方发生额和余额情况的报表，由出纳进行编制。通俗来讲，就是查看者通过查看资金日报表，可以得知资金收付的金额和方向，以及当日的余额。而领导通过查看这些资金信息，会了解资金的运作方向，以确定下一步计划，因此现金日报表的作用不容忽视。

企业背景资料

1. 企业基本信息

上海美嘉数字科技股份有限公司专注于推动制造企业产品数字化转型，在汽车、工程机械、电子高科、民用航空、服装零售、大健康等行业，为客户提供前沿的软件产品、解决方案和实施服务。该企业帮助一系列领先企业在产品研发、制造、服务、营销和运营流程等方面进行数字化变革。该公司自主知识产权 iMe、方舟系列软件，获得众多高端客户认可和应用。

地址：上海市徐汇区桂平路418号漕河泾国际孵化中心B区5层

电话：021-54590759

开户银行：中国工商银行上海徐汇区田林路支行

开户银行行号：089423588477

开户银行地址：上海市徐汇区田林路78号

银行账号：1001276029300166597

保证金账号：1001276029300190638

法人：金志华

会计主管：张海燕

会计：罗雷

出纳：胡霞

2. 员工信息

部门	职称	姓名	开户银行	银行账号
行政部	总经理	金志华	中国工商银行上海市桃林路支行	6222082901000022001
行政部	行政主管	刘洪江	中国工商银行上海市桃林路支行	6222082901000022002
行政部	行政专员	陈欣	中国工商银行上海市桃林路支行	6222082901000022003
财务部	会计主管	张海燕	中国工商银行上海市桃林路支行	6222082901000022004
财务部	会计	罗雷	中国工商银行上海市桃林路支行	6222082901000022005
财务部	出纳	胡霞	中国工商银行上海市桃林路支行	6222082901000022006
人力资源部	人力资源主管	徐少军	中国工商银行上海市桃林路支行	6222082901000022007
人力资源部	人力资源员工	罗明	中国工商银行上海市桃林路支行	6222082901000022008

续表

部门	职称	姓名	开户银行	银行账号
研发部	研发主管	杨伟	中国工商银行上海市桃林路支行	6220082901000022009
研发部	研发员工	杨兰	中国工商银行上海市桃林路支行	6220082901000022010
采购部	采购主管	苏真	中国工商银行上海市桃林路支行	6220082901000022011
采购部	采购员	李浩	中国工商银行上海市桃林路支行	6220082901000022012
销售部	销售主管	张大伟	中国工商银行上海市桃林路支行	6220082901000022013
销售部	销售员	王春	中国工商银行上海市桃林路支行	6220082901000022014
销售部	销售员	马元元	中国工商银行上海市桃林路支行	6220082901000022015

3. 往来单位信息

（1）上海中芯科技有限公司。

开户银行：中国工商银行上海黄浦支行

开户银行地址：上海市黄浦区中山南路128号

账号：300834567019

社会信用代码：913101167989787841

地址：上海市黄浦区人民大道369号

电话：021-36262316

（2）上海东方晶圆科技有限公司。

开户银行：中国工商银行上海徐汇区田林路支行

开户银行地址：上海市徐汇区田林路78号

账号：03386900801001099

社会信用代码：913101167989785688

地址：上海市徐汇区田林街道88号

电话：021-36892156

（3）上海电子半导体科技有限公司。

开户银行：中国工商银行上海市南京东路第一支行

账号：1001293529100035885

社会信用代码：91310117361726988K

（4）南京瑞祥机械有限公司。

开户银行：中国工商银行南京东平支行

账号：6217614618738100732

社会信用代码：91320117MA1WGWUT0M

地址：南京市溧水区东屏镇工业集中区

电话：025-69582316

（5）昆山合生光学电子有限公司。

开户银行：中国工商银行上海昆山分行

账号：325391450018800030059

(6) 南京瑞祥机械有限公司。
开户银行：中国工商银行南京东平支行
账号：6217614618738100732
(7) 山东绘影科技有限公司。
开户银行：中国工商银行济南开发区支行
账号：74130154801577439
社会信用代码：9137070520885F3B2R
地址：山东省济南市开发区新华路101号
电话：0531－12568952
(8) 上海京佳物流运输有限公司。
开户银行：中国工商银行上海彭浦支行
账号：1001250809300882395
社会信用代码：913102306643350304
地址：上海市静安区三泉路60号
电话：021－56621678

任务1　库存现金日记账登记

🌿 任务描述

上海美嘉数字科技股份有限公司出纳胡霞根据2024年9月与库存现金相关的记账凭证登记库存现金日记账（见图3-1-1）。2024年9月库存现金日记账期初余额为23 172.80元。出纳胡霞应完成以下工作任务：

（1）按照经济业务发生的时间顺序，根据收款、付款凭证逐日、逐笔、序时登记库存现金日记账。

（2）每日结出余额，做到日清日结。

（3）月末画线结账。

库存现金日记账

年		记账凭证		对方科目	摘要	借方	贷方	√	余额
月	日	字	号			千百十万千百十元角分	千百十万千百十元角分		千百十万千百十元角分

图3-1-1　库存现金日记账（1）

📖 学习目标

（一）专业能力目标

1. 能够正确编制日记账。
2. 能够正确办理库存现金日记账的登记，根据记账凭证登记库存现金日记账。

(二) 职业素养目标

1. 培养细心谨慎的职业态度，养成良好的职业规范。
2. 严格遵守财务规范。

(三) 通用能力目标

1. 具备自我学习及解决问题的能力。
2. 具备计算机应用能力。
3. 具备良好的交流沟通能力。

知识准备

(一) 库存现金日记账启用

库存现金日记账是用来逐日反映库存现金收入、付出及结余情况的特种日记账。它是由单位出纳根据审核无误的现金收、付款凭证和从银行提现的银行存款付款凭证逐笔进行登记的。为了确保账簿的安全、完整，库存现金日记账必须采用订本式账簿。

库存现金日记账是各单位重要的经济档案之一，为保证账簿使用的合法性，明确经济责任，防止舞弊行为，保证账簿资料完整和便于查找，各单位在启用时，首先要按规定内容逐项填写账簿启用表和账簿目录表。在账簿启用表中，应写明单位名称、账簿名称、账簿编号和启用日期；在经管人员一栏中写明经管人员职别、姓名、接管或移交日期，由会计主管人员签名盖章，并加盖单位公章。在一本日记账中设置了两个以上现金账户的，应在第二页"账户目录表"中注明各账户的名称和页码，以方便登记和核查。账簿启用表如图 3–1–2 所示。

图 3–1–2　账簿启用表

（二）库存现金日记账格式

库存现金日记账一般有"三栏式""多栏式"和"收付分页式"三种账页格式。在实际工作中大多采用的是"三栏式"账页格式。"三栏式"账页是在同一张账页上分设"借方""贷方"和"余额"三栏。为了清晰地反映现金收付业务的具体内容，在"摘要"栏左边，还应专设"对方科目"栏，登记对方科目名称。"三栏式"账页格式如图 3-1-3 所示。

库存现金日记账

年		记账凭证		对方科目	摘要	借方									贷方									√	余额								
月	日	字	号			千	百	十	万	千	百	十	元	角	分	千	百	十	万	千	百	十	元	角	分		千	百	十	万	千	百	十	元	角	分

图 3-1-3 "三栏式"账页格式

（三）库存现金日记账登记内容

库存现金日记账各栏次的填写说明如表 3-1-1 所示。

表 3-1-1 库存现金日记账各栏次的填写说明

栏次	填写说明
"日期"栏	记账凭证的日期，通常与现金实际收付日期一致
"记账凭证"栏	登记记账凭证的编号，以便于查账和核对
"摘要"栏	简要说明登记入账的经济业务的内容
"借方"栏	登记现金增加的金额，即记账凭证上"库存现金"的借方金额
"贷方"栏	登记现金减少的金额，即记账凭证上"库存现金"的贷方金额
"余额"栏	根据"本行余额＝上行余额＋本行借方－本行贷方"的公式计算填入

（四）库存现金日记账登记要求

1. 根据复核无误的收、付款记账凭证记账

现金出纳在办理收、付款时应当对收款凭证和付款凭证进行仔细的复核，并以经过复核无误的收、付款记账凭证和其所附原始凭证作为登记库存现金日记账的依据。如果原始凭证上注明"代记账凭证"字样，经有关人员签章后，也可作为记账的依据。

2. 所记载的内容必须同会计凭证相一致，不得随便增减

每一笔账都要记明记账凭证的日期、编号、摘要、金额和对应科目等。经济业务的摘要不能过于简略，应以能够清楚地表述业务内容为度，便于事后查对。日记账应逐笔分行记录，不得将收款凭证和付款凭证合并登记，也不得将收付款相抵后以差额登记。登记完毕，应当逐项复核，复核无误后在记账凭证上的"账页"一栏内填写"过账"符号"√"，表示已经登记入账。

3. 逐笔、序时登记日记账，做到日清月结

为了及时掌握现金收、付和结余情况，库存现金日记账必须当日账务当日记录，并于当日结出余额；有些现金收付业务频繁的单位，还应随时结出余额，以掌握收、支计划的执行情况。

4. 必须连续登记，不得跳行、隔页，不得随便更换账页和撕去账页

库存现金日记账采用订本式账簿，其账页不得以任何理由撕去，作废的账页也应留在账簿中。在一个会计年度内，账簿尚未用完时，不得以任何借口更换账簿或重抄账页。记账时必须按页次、行次、位次顺序登记，不得跳行或隔页登记，如不慎发生跳行、隔页时，应在空页或空行中间画线加以注销，或注明"此行空白""此页空白"字样，并由记账人员盖章，以示负责。

5. 文字和数字必须整洁清晰，准确无误

在登记书写时，不要滥造简化字，不得使用同音异义字，不得写怪字体；摘要文字紧靠左线；数字要写在金额栏内，不得越格错位、参差不齐；文字、数字字体大小适中，紧靠下线书写，上面要留有适当空距，一般应占格宽的1/2，以备按规定的方法改错。记录金额时，如为没有角、分的整数，应分别在角、分栏内写上"0"，不得省略不写，或以"—"号代替。阿拉伯数字一般可自左向右适当倾斜，以使账簿记录整齐、清晰。

6. 使用钢笔，以蓝、黑色墨水书写

不得使用圆珠笔（银行复写账簿除外）或铅笔书写。但按照红字冲账凭证冲销错误记录及会计制度中规定用红字登记的业务可以用红色墨水记账。

7. 每一账页记完后，必须按规定转页

为便于计算了解日记账中连续记录的累计数额，并使前后账页的合计数据相互衔接，在每一账页登记完毕结转下页时，应结出当月发生额合计数及余额，写在本页最后一行和下页第一行的有关栏内，并在"摘要"栏注明"过次页"和"承前页"字样。也可以在本页最后一行用铅笔字结出发生额合计数和余额，核对无误后，用蓝、黑色墨水在下页第一行写出上页的发生额合计数及余额,在"摘要"栏内写上"承前页"字样,不必在本页最后一行写"过次页"的发生额和余额。

8. 库存现金日记账必须逐日结出余额,每月末必须按规定结账

正常情况下,库存现金不允许出现贷方余额(或红字余额),因此,库存现金日记账余额栏前未印有借贷方向,其余额方向默认为借方。若在登记库存现金日记账过程中,由于登账顺序等特殊原因出现了贷方余额,则在余额栏用红字登记,表示贷方余额。

9. 记录发生错误时,必须按规定方法更正

为了提供在法律上有证明效力的核算资料,保证日记账的合法性,账簿记录不得随意涂改,严禁刮、擦、挖、补,或使用化学药物清除字迹。发现差错必须根据其具体情况采用画线更正、红字更正、补充登记等方法更正。

(五)现金日记账的"日结月清"

现金日记账每日终了,应在当日登记的最后一笔业务后面结出余额,并与当日库存现金核对相符,这就是现金日记账的"日清";月度终了,要计算本月现金收、付金额的合计数,并结出本月余额,同时与现金总账核对相符,这就是现金日记账的"月结"。

任务实施

现金日记账业务办理流程

出纳胡霞根据本月记账凭证规范登记库存现金日记账。

步骤一:在第一行登记期初余额,填写日期、摘要及余额;随后,按照经济业务发生时间的先后顺序,逐笔、序时、连续地进行登记,不得跳行。记账凭证如图3-1-4~图3-1-8所示。

步骤二:记账凭证登记完成后,需要对库存现金日记账进行月结。在本月经济业务下一行填写"本月合计",计算本月"借方""贷方"发生额合计,结出余额。办理完成如图3-1-9所示。

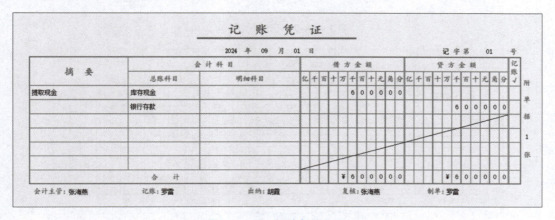

图3-1-4 记账凭证(1)

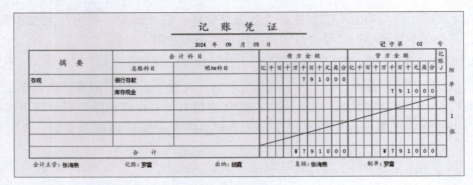

图3-1-5 记账凭证（2）

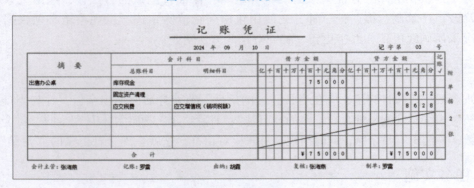

图3-1-6 记账凭证（3）

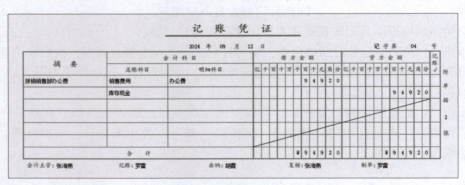

图3-1-7 记账凭证（4）

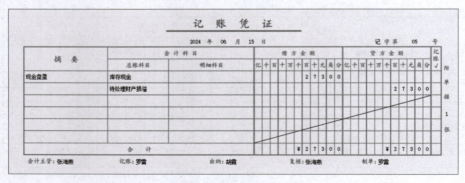

图3-1-8 记账凭证（5）

库存现金日记账

2024年		记账凭证		对方科目	摘要	借方	贷方	√	余额
月	日	字	号			千百十万千百十元角分	千百十万千百十元角分		千百十万千百十元角分
09	01				期初余额				2 3 1 7 2 8 0
09	01	记	1	银行存款	提取现金	6 0 0 0 0 0			2 9 1 7 2 8 0
09	05	记	2	银行存款	存现		7 9 1 0 0 0		2 1 2 6 2 8 0
09	10	记	3	固定资产清理	出售办公桌	7 5 0 0 0			2 2 0 1 2 8 0
09	12	记	4	销售费用	报销办公费		9 4 9 2 0		2 1 0 6 3 6 0
09	15	记	5	待处理财产损溢	现金盘盈	2 7 3 0 0			2 1 3 3 6 6 0
09	30				本月合计	7 0 2 3 0 0	8 8 5 9 2 0		2 1 3 3 6 6 0

图3-1-9 库存现金日记账（2）

任务实训

1. 上海美嘉数字科技股份有限公司出纳员胡霞根据2024年10月的经济业务登记库存现金日记账，10月库存现金日记账的期初余额为21 336.60元，与现金相关的业务如下：

业务1：1日，提取备用金2 000元。

业务2：5日，收到包装物押金300元。

业务3：10日，收到合同违约金500元。

业务4：18日，报销销售部业务招待费，支付现金800元。

业务5：25日，代员工支付医药费950元。

要求：出纳登记库存现金日记账并结账（见图3-1-10）。

2. 上海美嘉数字科技股份有限公司出纳胡霞根据2024年11月的经济业务登记库存现金日记账，11月库存现金日记账的期初余额为20 986.60元，与现金相关的业务如下：

业务1：1日，支付员工差旅费借款3 000元。

业务2：5日，提取备用金5 000元。

业务3：8日，补付员工差旅费余款280元。

业务4：30日，发现现金短款200元，由出纳赔偿。

业务5：30日，收到出纳赔款200元。

要求：出纳登记库存现金日记账并结账（见图3-1-11）。

学习笔记

库存现金日记账

年		记账凭证		对方科目	摘要	借方								贷方								√	余额							
月	日	字	号			千	百	十	万	千	百	十	元	角	分	千	百	十	万	千	百	十	元	角	分		千	百	十	万	千	百	十	元	角	分

图 3-1-10 库存现金日记账（3）

库存现金日记账

年		记账凭证		对方科目	摘要	借方								贷方								√	余额							
月	日	字	号			千	百	十	万	千	百	十	元	角	分	千	百	十	万	千	百	十	元	角	分		千	百	十	万	千	百	十	元	角	分

图 3-1-11 库存现金日记账（4）

任务 2　库存现金清查

任务描述

2024 年 9 月 15 日，上海美嘉数字科技股份有限公司出纳胡霞和会计主管张海燕在当天业务全部结束之后，对库存现金进行清查。当天库存现金日记账账面余额为 21 063.60 元，如图 3–2–1 所示。

2024 年		记账凭证		对方科目	摘要	借方										贷方										√	余额								
月	日	种类	号数			千	百	十	万	千	百	十	元	角	分	千	百	十	万	千	百	十	元	角	分		千	百	十	万	千	百	十	元	角	分
09	01				期初余额																									2	3	1	7	2	8	0
09	01	记	1	银行存款	提取现金					6	0	0	0	0	0															2	9	1	7	2	8	0
09	05	记	2	银行存款	存现															7	9	1	0	0	0						2	1	2	6	2	8	0
09	10	记	3	固定资产清理	出售办公桌						7	5	0	0	0															2	2	0	1	2	8	0
09	12	记	4	销售费用	报销办公费																9	4	9	2	0						2	1	0	6	3	6	0

图 3–2–1　库存现金日记账

盘点结果为：壹佰元面额的 189 张，￥18 900；伍拾元面额的 20 张，￥1 000；贰拾元面额的 15 张，￥300；拾元面额的 80 张，￥800；伍元面额的 40 张，￥200；壹元面额的 130 张，￥130；伍角面额的 10 张，￥5；壹角面额的 16 张，￥1.6。合计金额 21 336.60 元。盘盈现金 273 元，由于无法查明现金长款，决定按照企业会计准则规定进行相关处理。

出纳胡霞应完成以下工作任务：
（1）核对收支业务，检查是否正确登记库存现金日记账。
（2）准确盘点库存现金，填制库存现金盘点表。
（3）核对库存现金实际库存数和库存现金日记账账面余额，确保账实相符。

学习目标

(一) 专业能力目标

1. 能够正确办理现金清查业务,并能够根据相关原始凭证进行账务处理。
2. 熟知现金清查的原因,明确现金清查的准备工作;熟练运用现金清查的方法。
3. 能够根据工作任务,填写库存现金盘点表,办理现金清查业务。

(二) 职业素养目标

1. 掌握相关的财务法规和会计制度规定。
2. 培养诚实守信、敬业合作的职业精神。

(三) 通用能力目标

1. 具备自我学习及解决问题的能力。
2. 具备计算机应用能力。
3. 具备良好的交流沟通能力。

知识准备

(一) 库存现金清查作用

现金清查是为了确保现金的安全,除了企业实行钱账分管制度外,出纳还应在每日和每月终了时根据日记账的合计数,结出库存现金余额,并与库存现金实有数核对,必须做到账实相符。会计主管应随机抽查出纳盘点库存现金,加强监督。

(二) 库存现金清查方法

现金清查一般采用实地盘点法。清查时,出纳必须在场,清查的内容主要是将库存现金实存数与库存现金日记账账面金额进行核对,检查是否存在挪用现金、白条抵库、超额留存现金等情况。通常情况下,造成库存现金账实不符的情况主要有以下几种:①收付款出错;②错记现金日记账;③漏(错)填记账凭证;④现金被盗。

(三) 库存现金清查步骤

盘点库存现金时,一般由出纳进行盘点,现金应逐张清点,会计主管或财务经理监盘。盘点的结果应编制库存现金盘点表,注明现金短缺或是溢余,并由出纳和监盘人员签字盖章。库存现金盘点表格式如图 3-2-2 所示。

学习笔记

库存现金盘点表

年　　月　　日　　　　单位：元

票面额	张数	金额	票面额	张数	金额
壹佰元			伍　角		
伍拾元			贰　角		
贰拾元			壹　角		
拾　元			伍　分		
伍　元			贰　分		
贰　元			壹　分		
壹　元			合　计		
现金日记账账面余额：					
差额：					
处理意见：					

审批人（签章）：　　　　监盘人（签章）：　　　　盘点人（签章）：

图3－2－2　库存现金盘点表格式

（四）库存现金清查结果的处理

对库存现金清查的结果，应根据情况分别处理。如属于违反现金管理有关规定的，应及时予以纠正；如属于账实不符的，应查明原因，并将短款或长款首先记入“待处理财产损溢”账户，待查明原因后根据情况分别处理。

（1）属于记账差错的应及时予以更正。

（2）现金溢余，属于应支付给相关人员或单位的，应借记“待处理财产损溢”科目，贷记“其他应付款”科目；属于无法查明原因的，经批准后，借记“待处理财产损溢”科目，贷记“营业外收入”科目。

（3）现金短缺，属于责任人或保险公司赔偿的部分，借记“其他应收款”科目，贷记“待处理财产损益”科目；属于无法查明原因的，经批准后，借记“管理费用”科目，贷记“待处理财产损溢”科目。

任务实施

现金清查业务办理流程

以会计主管监盘为例，出纳办理现金清查业务流程如图3－2－3所示。

步骤一：逐张清点库存现金。

成立清查小组，要求出纳将现金按不同的面额、币种分别清点整理。根据面额大小依次逐张清点，记录金额，汇总合计金额。监盘人员（会计主管）监督出纳盘点。

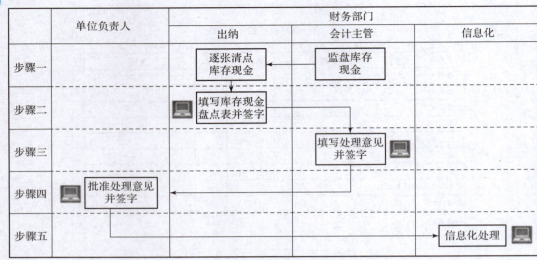

图 3-2-3 现金清查业务流程

步骤二：填写库存现金盘点表并签字。

出纳根据库存现金日记账及当日库存现金盘点结果，填写库存现金盘点表现金实存数，并分币种面值列示盘点金额，如图 3-2-4 所示。

库存现金盘点表

2024 年 09 月 15 日　　　　　单位：元

票面额	张数	金额	票面额	张数	金额
壹佰元	189	18,900.00	伍 角	10	5.00
伍拾元	20	1,000.00	贰 角		
贰拾元	15	300.00	壹 角	16	1.60
拾 元	80	800.00	伍 分		
伍 元	40	200.00	贰 分		
贰 元			壹 分		
壹 元	130	130.00	合 计	500	¥21,336.60

现金日记账账面余额：¥21,063.60

差额：¥273.00

处理意见：
由于无法查明现金长款原因，现决定按照企业会计准则规定进行相关处理。

审批人(签章)：　　　监盘人(签章)：张海燕　　　盘点人(签章)：胡霞

表 3-2-4　已填写处理意见并签字的库存现金盘点表

步骤三：填写处理意见并签字。

监盘人员（会计主管）从旁监督，审核库存现金收付款凭证和有关账簿，将账面余额填到库存现金盘点表中。会计主管填写处理意见并签字。

步骤四：批准处理意见并签字。

单位负责人审批处理意见并签字，如图3－2－5所示。

库存现金盘点表

2024 年 09 月 15 日　　　　单位：元

票面额	张数	金额	票面额	张数	金额
壹佰元	189	18,900.00	伍角	10	5.00
伍拾元	20	1,000.00	贰角		
贰拾元	15	300.00	壹角	16	1.60
拾元	80	800.00	伍分		
伍元	40	200.00	贰分		
贰元			壹分		
壹元	130	130.00	合计	500	¥21,336.60

现金日记账账面余额：¥21,063.60

差额：¥273.00

处理意见：
由于无法查明现金长款原因，现决定按照企业会计准则规定进行相关处理。

审批人（签章）：金志华　　　监盘人（签章）：张海燕　　　盘点人（签章）：胡霞

图3－2－5　已审批的库存现金盘点表

步骤五：信息化处理。

出纳将库存现金盘点表交给会计，会计编制记账凭证。

会计主管审核记账凭证，结果如图3－2－6和图3－2－7所示。

序号	*摘要	*科目	借方金额	贷方金额	操作
1	发现现金盘盈	1001-库存现金	273.00		
2	发现现金盘盈	1901-待处理财产损益		273.00	
合计	贰佰柒拾叁元整		273.00	273.00	

账簿：上海美嘉　凭证类别：记账凭证　凭证号：0048　凭证日期：2024-09-15　附单据数：1

图3－2－6　审核记账凭证（1）

学习笔记

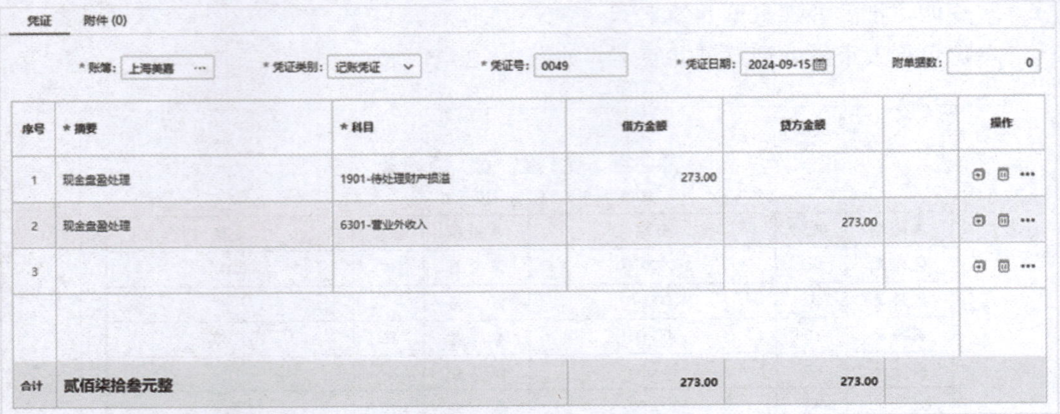

图 3-2-7 审核记账凭证（2）

🌸 任务实训

1. 2024 年 9 月 18 日，上海美嘉数字科技股份有限公司出纳胡霞盘点现金，会计监盘。当天库存现金日记账账面余额为 13 605.50 元。出纳员胡霞的盘点结果为：壹佰元面额的 90 张，¥9 000；伍拾元面额的 40 张，¥2 000；贰拾元面额的 10 张，¥200；拾元面额的 200 张，¥2 000；伍元面额的 80 张，¥400；壹元面额的 100 张，¥100；伍角面额的 10 张，¥5；壹角面额的 5 张，¥0.5。合计金额 13 705.50 元。

要求：出纳和监盘人员进行现金清查并进行相关账务处理（见图 3-2-8）。

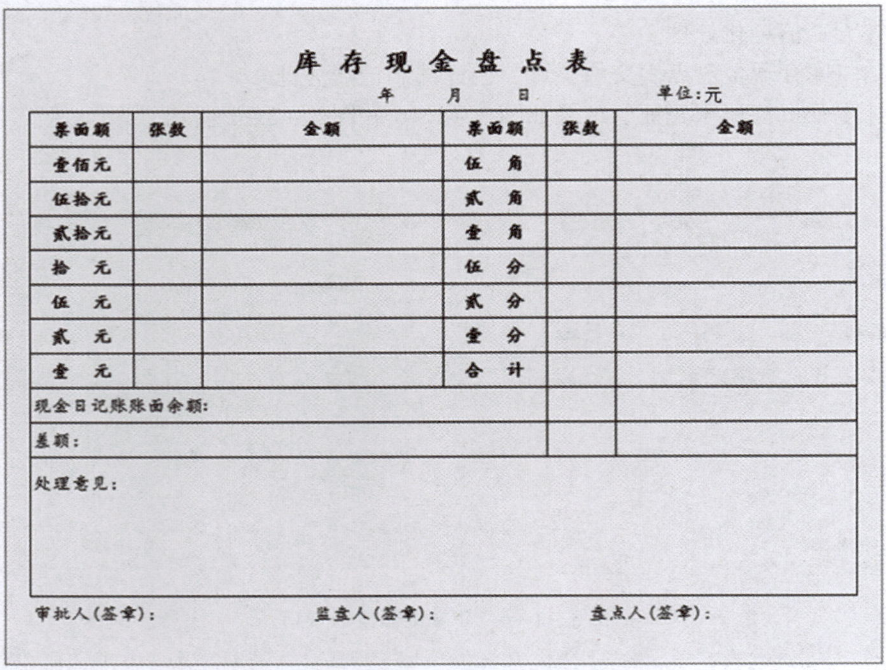

图 3-2-8 库存现金盘点表（1）

2. 2024 年 9 月 30 日，上海美嘉数字科技股份有限公司出纳胡霞盘点现金，会计监盘。当天库存现金日记账账面余额为 21 710.70 元。出纳胡霞的盘点结果为：壹佰元面额的 200 张，￥20 000；伍拾元面额的 20 张，￥1 000；贰拾元面额的 13 张，￥260；拾元面额的 20 张，￥200；伍元面额的 12 张，￥60；壹元面额的 80 张，￥80；伍角面额的 20 张，￥10；壹角面额的 7 张，￥0.7。合计金额 21 610.7 元。经调查，现金短缺原因为出纳保管不当，应由出纳赔偿。

要求：出纳和监盘人员进行现金清查并进行相关账务处理（见图 3-2-9）。

库存现金盘点表

年　月　日　　　　　　　　　　单位：元

票面额	张数	金额	票面额	张数	金额
壹佰元			伍角		
伍拾元			贰角		
贰拾元			壹角		
拾元			伍分		
伍元			贰分		
贰元			壹分		
壹元			合计		

现金日记账账面余额：

差额：

处理意见：

审批人（签章）：　　　监盘人（签章）：　　　盘点人（签章）：

图 3-2-9　库存现金盘点表（2）

任务3 银行存款日记账登记

任务描述

1. 上海美嘉数字科技股份有限公司2024年11月银行存款期初余额为2 836 956.23元，出纳胡霞根据2024年11月与银行存款相关的记账凭证登记银行存款日记账（见图3-3-1）并在月末进行结账。出纳胡霞应完成以下工作任务：

（1）按照经济业务发生的时间顺序，根据记账凭证逐日、逐笔、序时登记银行存款日记账（不要求本日合计）。

（2）月末画线结账。

银行存款日记账

开户行：

账号：

年		记账凭证		对方科目	摘要	结算凭证		借方										贷方										借或贷	余额									
月	日	字	号			种类	号码	千	百	十	万	千	百	十	元	角	分	千	百	十	万	千	百	十	元	角	分		千	百	十	万	千	百	十	元	角	分

图3-3-1 银行存款日记账（1）

2. 2024年11月30日，上海美嘉数字科技股份有限公司出纳胡霞需要对本月的银行存款进行对账。到银行领取银行对账单，将银行存款日记账与银行对账单进行核对。银行存款日记账如图3-3-2所示。

出纳胡霞需要完成以下工作任务：

（1）对银行存款日记账进行复核。

（2）打印或领取银行对账单。

（3）对账。

（4）编制银行存款余额调节表。

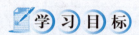

2024年 月	日	记账凭证 字	号	对方科目	摘要	结算凭证 种类	号码	借方	贷方	借或贷	余额
11	01				期初余额					借	2836956 23
11	09	记	12	应收账款	收到前欠货款	转账支票	98230082	350000 00		借	2871956 23
11	12	记	23	库存商品等	购买商品	电汇	76124587		339000 00	借	2838056 23
11	16	记	36	销售费用等	支付广告费	网银转账	00864511		21200 00	借	2835936 23
11	25	记	45	主营业务收入等	销售商品	转账支票	16823627	406800 00		借	2876616 23
11	29	记	72	支付欠款	应付账款	转账支票	21354755		463300 00	借	2830286 23
11	30				本月合计			756800 00	823500 00	借	2830286 23

图 3-3-2　银行存款日记账（2）

学习目标

（一）专业能力目标

1. 能够正确办理银行存款日记账登记业务。
2. 能够根据收付款凭证正确编制银行日记账。
3. 能够正确运用日记账转页和结账的方法。
4. 能够根据工作任务进行银行对账，编制银行存款余额调节表。
5. 能够进行日记账与对账单核对。

（二）职业素养目标

1. 养成严谨、认真、细致、客观公正的职业素养，学会运用正确的思维方式，养成积极思考、主动探究的学习习惯，树立团结协作的团队意识。
2. 严格遵守财务规范。

（三）通用能力目标

1. 具备自我学习及解决问题的能力。
2. 具备计算机应用能力。
3. 具备良好的交流沟通能力。

知识准备

（一）银行存款日记账的登记

银行存款日记账是用来逐日反映银行存款增减变化和结余情况的特殊日记账。通过银行存款日记账的设置和登记，可以加强对银行存款日常的监督和管理，并便于与开户银行进行账页核对。

1. 银行存款日记账的格式

银行存款日记账应按企业在银行开立的账户和币种分别设置，每个银行存款账户设置一本银行存款日记账。银行存款日记账的格式有"三栏式"和"多栏式"两种，其基本结构与库存现金日记账基本相同。由于银行存款的收付都是根据特定的银行结算凭证进行的，因此设有"结算凭证——种类、号数"栏。"三栏式"银行存款日记账的格式如图3-3-3所示。

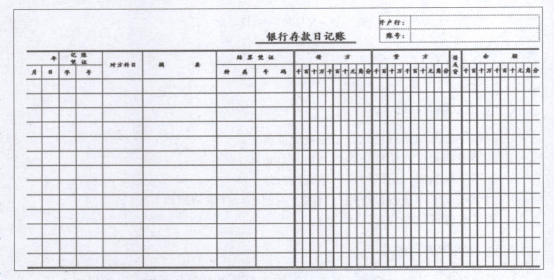

图3-3-3　"三栏式"银行存款日记账的格式

2. 银行存款日记账的登记方法

银行存款日记账是由出纳根据银行存款收款凭证、银行存款付款凭证和现金付款凭证或者通用记账凭证，按经济业务发生时间的先后顺序，逐日逐笔进行登记的序时账簿。银行存款日记账各栏次的填写说明如表3-3-1所示。

表3-3-1　银行存款日记账各栏次的填写说明

栏次	填写说明
"日期"栏	记账凭证的日期，通常与现金实际收付日期一致
"记账凭证"栏	登记记账凭证的编号，以便于查账和核对

续表

栏次	填写说明
"对方科目"栏	按照记账凭证中银行存款的对方科目填写，多个科目时可以只写一个
"摘要"栏	简要说明登记入账的经济业务的内容
"种类、号码"栏	填写银行存款收支的凭证名称和编号
"借方"栏	登记银行存款增加的金额，即记账凭证上"银行存款"的借方金额
"贷方"栏	登记银行存款减少的金额，即记账凭证上"银行存款"的贷方金额
"余额"栏	根据"本行余额＝上行余额＋本行借方－本行贷方"的公式计算填入

3. 银行存款日记账的登记要求

银行存款日记账和库存现金日记账一样，每日终了，应分别计算银行存款收入、支出的合计数和本日余额，做到日清，以便于检查监督银行存款的收支情况，避免出现透支现象，同时也便于同银行对账单进行核对。

月末结账时，在该月最后一笔经济业务记录下面画通栏单红线，结出本月借方发生额合计、贷方发生额合计和余额，在摘要栏内注明"本月合计"字样，在下面通栏画单红线。

4. 银行日记账的"日结月清"

银行存款日记账每日终了，应在当日登记的最后一笔业务后面结出余额，并与银行定期送来的对账单核对相符，这就是银行存款日记账的"日清"；月度终了，要计算本月银行存款收、付金额的合计数，并结出本月余额，同时与银行存款总账核对相符，这就是银行存款日记账的"月结"。

（二）银行对账管理

1. 银行存款的清查方法

银行存款的清查与库存现金的清查不同，不是采用实地盘点法，而是采用对账单法。银行对账是指企业对银行存款日记账账面记录与银行对账单逐笔核对，做到账实一致。为了保证银行存款账目正确无误，企业应定期进行银行对账。银行存款日记账应定期与"银行对账单"核对，至少每月核对一次。

企事业单位在银行中的存款实有数是通过银行对账单来反映的，所以企业收到银行对账单后，应将银行存款日记账的记录与银行对账单逐笔核对，核对时常常会出现银行对账单余额与本单位银行存款日记账余额不一致的情况，出现这种情况应及时查找原因，主要有两种可能：一是企业或银行记录有误（应及时更正）；二是发生未达账项。

对属于本单位的记账错误，应当按照规定的更正方法进行更正，调整银行存款日记账账面余额；对属于银行记账错误的要及时通知银行更正，并调整银行对账单余额；对发生的未达账项，应编制银行存款余额调节表。

学习笔记

2. 银行对账单

银行对账单是指银行客观记录企业资金流转情况的记录单。就其概念来说，银行对账单反映的主体是银行和企业，反映的内容是企业的资金，反映的形式是对企业资金流转的记录。就其用途来说，银行对账单是银行和企业之间对资金流转情况进行核对和确认的凭单。就其特征来说，银行对账单具有客观性、真实性、全面性等基本特征。

银行对账单格式如图 3－3－4 所示。

中国工商银行　银行对账单

户名：　　　　　　　　　　　　　　　　　　　　　　　　　第　　页
账号：　　　　　　　　　年　　月　　日止　　　　　　　利率：　　%

日期	摘要	结算凭证		借方	贷方	余额
		种类	号数			

图 3－3－4　银行对账单格式

3. 日记账与对账单余额不一致的原因

所谓未达账项，是指企业和银行之间由于凭证传递的时间差，造成一方已登记入账，而另一方尚未登记入账的款项。具体来说，有以下 4 种情况：

（1）企业已经收款入账，而银行尚未收款入账（企业已收、银行未收）。如企业已送存银行的转账支票，企业根据进账单回单联登记银行存款增加，而银行因尚未收妥款项未入账。

（2）企业已经付款入账，而银行尚未付款入账（企业已付、银行未付）。如企业开出支票，企业已记银行存款减少，由于持票人尚未办理转账手续，银行尚未支付，因此未登记企业存款减少。

（3）银行已经收款入账，而企业尚未收款入账（银行已收、企业未收）。如企业委托银行代收的款项，银行已经收到款项并登记企业存款增加，而企业因未接到收款通知，尚未记账。

（4）银行已经付款入账，而企业尚未付款入账（银行已付、企业未付）。如银行代企业划付水电费等公用事业费，银行已记存款减少，而企业因未接到付款通知，尚未记账。

出现第一种和第四种情况，会使企业银行存款账面余额大于银行对账单的存款余额；出现第二种和第三种情况，会使企业银行存款账面余额小于银行对账单的存款余额。无论出现哪种情况，都会使企业银行存款账面余额与银行对账单的存款余额不一致，对此必须编制"银行存款余额调节表"进行调节。

4. 银行存款余额调节表的编制

银行存款余额调节表是在银行对账单余额与企业银行存款日记账账面余额的基础上各自加上对方已收、本单位未收账项数额，减去对方已付、本单位未付账项数额，以调整双方余额使其一致的一种调节方法。银行存款余额调节表格式如图3–3–5所示。

银行存款余额调节表

编制单位：　　　　　　　　　　年　　月　　日止　　　　　　　　　　　单位：元

项目	金额	项目	金额
企业银行存款日记账余额		银行对账单余额	
加：银行已收、企业未收的款项合计		加：企业已收、银行未收的款项合计	
减：银行已付、企业未付的款项合计		减：企业已付、银行未付的款项合计	
调节后余额		调节后余额	

会计主管：　　　　　　　　　会计：　　　　　　　　　出纳：

图3–3–5　银行存款余额调节表格式

在编制银行存款余额调节表时，调节公式如下：

银行存款日记账账面余额 + 银行已收企业未收的款项 − 银行已付企业未付的款项 = 银行对账单余额 + 企业已收银行未收的款项 − 企业已付银行未付的款项

提示：

调节后的余额既不是企业银行存款日记账的余额，也不是银行对账单的余额，它是企业银行存款的真实数字，也是企业当日可以动用的银行存款的极大值。

编制银行存款余额调节表只是为了核对账目，并不能以此作为调整银行存款账面余额的原始凭证。对于银行已经入账而企业尚未入账的各项未达账项，必须在收到相关结算凭证后再进行账务处理。

任务实施

（一）银行存款日记账登记流程

出纳胡霞根据本月记账凭证规范登记库存现金日记账。

步骤一：在第一行登记期初余额，填写日期、摘要及余额；随后，按照经济业务发生时间的先后顺序，逐笔、序时、连续地进行登记，不得跳行。记账凭证如图3–3–6～图3–3–11所示。

步骤二：记账凭证登记完成后，需要对银行存款日记账进行月结。在本月经济业务下一行填写"本月合计"，计算本月"借方""贷方"发生额合计，结出余额。

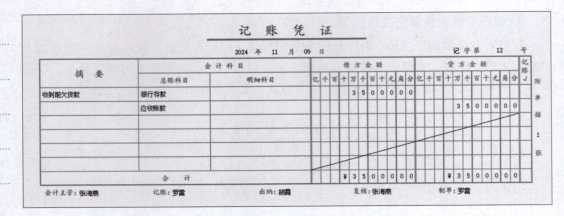

图3-3-6 记账凭证（1）

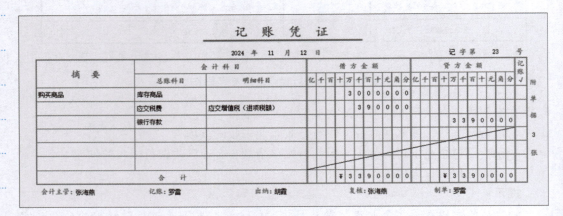

图3-3-7 记账凭证（2）

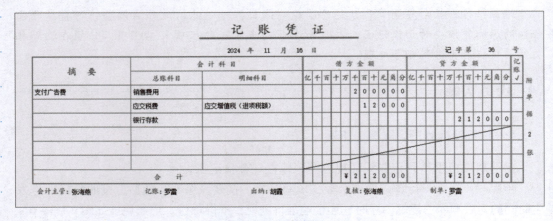

图3-3-8 记账凭证（3）

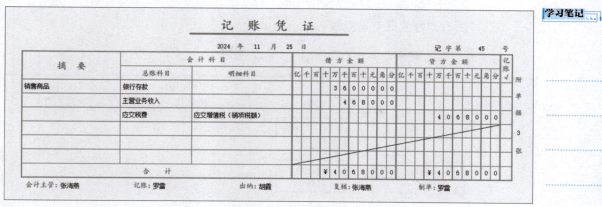

图 3-3-9 记账凭证（4）

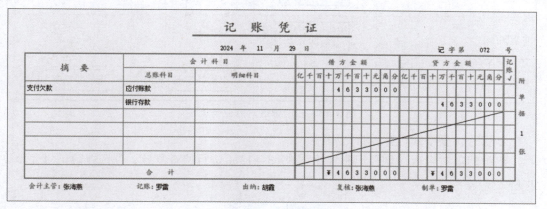

图 3-3-10 记账凭证（5）

步骤三：本月合计完成后，在"本月合计"上下画通栏红线，登记完成如图 3-3-11 所示。

图 3-3-11 银行存款日记账（1）

（二）银行对账业务办理流程

出纳办理银行对账业务流程如图 3-3-12 所示。

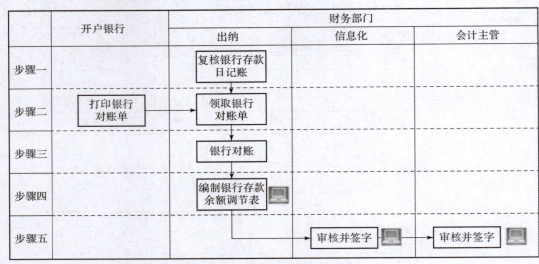

图 3-3-12　银行对账业务流程

步骤一：复核银行存款日记账。

出纳胡霞对银行存款日记账（见图 3-3-13）进行检查复核，保证账簿记录完整、正确。

开户行：工商银行上海徐汇区田林路支行　账号：10012760293000166597

银行存款日记账

2024年		记账凭证	对方科目	摘要	结算凭证		借方	贷方	借或贷	余额
月	日	字	号			种类	号码				
11	01				期初余额					借	2 836 956 23
11	09	记	12	应收账款	收到前欠货款	转账支票	98230062	35 000 00		借	2 871 956 23
11	12	记	23	库存商品等	购买商品	电汇	76124587		33 900 00	借	2 838 056 23
11	16	记	36	销售费用等	支付广告费	网银转账	00864511		2 120 00	借	2 835 936 23
11	25	记	45	主营业务收入等	销售商品	转账支票	16823627	40 680 00		借	2 876 616 23
11	29	记	72	支付欠款	应付账款	转账支票	21354755		46 330 00	借	2 830 286 23
11	30				本月合计			75 680 00	82 350 00	借	2 830 286 23

图 3-3-13　银行存款日记账

步骤二：领取银行对账单。

出纳到开户银行打印或者领取银行对账单，也可以通过网上银行系统打印银行对账单。对账单如图 3-3-14 所示。

工商银行上海徐汇区田林路支行 对账单

户名：上海美嘉数字科技股份有限公司
账号：1001276029300166597   2024 年 11 月 30 日止   第 1 页   利率：5 %

日期	摘要	结算凭证 种类	结算凭证 号数	借方	贷方	余额
2024年11月01日	期初余额					2,836,956.23
2024年11月10日	收到前欠货款	转账支票	98230082		35,000.00	2,871,956.23
2024年11月12日	购买商品	电汇	76124587	33,900.00		2,838,056.23
2024年11月16日	支付广告费	网银转账	00864511	2,120.00		2,835,936.23
2024年11月20日	收到银行结算利息	其他	03266922		433.33	2,836,369.56
2024年11月25日	代扣水费	委托收款	36041116	1,308.00		2,835,061.56
2024年11月30日	本月合计			37,328.00	35,433.33	2,835,061.56

图 3-3-14 对账单

步骤三：银行对账。

出纳将银行对账单与银行存款日记账进行核对。

核对时，需对凭证的种类、编号、摘要、记账方向、金额、记账日期等内容进行逐项核对。

从银行存款日记账的第一笔开始，到银行对账单中查找。如果能找到，则两边账簿的同一笔业务做相同的记号（如打√）；如果找不到对应的业务，则不做记号；最后，凡是没有做记号的就是未达账项。

步骤四：编制银行存款余额调节表。

根据对账结果，填写银行存款余额调节表，如图 3-3-15 所示。

银行存款余额调节表

编制单位：上海美嘉数字科技股份有限公司   2024 年 11 月 30 日止   单位：元

项目	金额	项目	金额
企业银行存款日记账余额	2,830,286.23	银行对账单余额	2,835,061.56
加：银行已收、企业未收的款项合计	433.33	加：企业已收、银行未收的款项合计	40,680.00
减：银行已付、企业未付的款项合计	1,308.00	减：企业已付、银行未付的款项合计	46,330.00
调节后余额	2,829,411.56	调节后余额	2,829,411.56

会计主管：   会计：   出纳：胡霜

图 3-3-15 银行存款余额调节表

步骤五：审核并签字。

银行存款余额调节表一般一式两份，经会计和会计主管复核签字后，一份由出纳存档保管，一份交会计主管。

（1）会计对银行存款余额调节表进行审核，审核无误后，在"会计"处签字。

（2）会计主管对银行存款余额调节表进行审核。审核完成后在"会计主管"处签字，结果如图 3-3-16 所示。

银行存款余额调节表

编制单位：上海美嘉数字科技股份有限公司　　2024 年 11 月 30 日止　　单位：元

项目	金额	项目	金额
企业银行存款日记账余额	2,830,286.23	银行对账单余额	2,835,061.56
加：银行已收、企业未收的款项合计	433.33	加：企业已收、银行未收的款项合计	40,680.00
减：银行已付、企业未付的款项合计	1,308.00	减：企业已付、银行未付的款项合计	46,330.00
调节后余额	2,829,411.56	调节后余额	2,829,411.56

会计主管：张海燕　　　　会计：罗雷　　　　出纳：胡霞

图 3-3-16　已审核的银行存款余额调节表

提示：

银行对账单借方发生额核对的是银行存款日记账贷方发生额，银行对账单贷方发生额核对的是银行存款日记账借方发生额（即方向相反）。

知识链接

通过编制银行存款余额调节表进行核对调节后，"银行存款余额调节表"上双方余额相等，一般可以说明双方记账基本没有差错。如果经调节仍不相等，要么是未达账项未全部查出，要么是一方或双方记账出现差错，需要进一步采用对账方法查明原因，加以更正。调节相等后的银行存款余额是当日可以动用的银行存款实有数。

对于银行已经划账，而企业尚未入账的未达账项，要待银行结算凭证到达后，才能据以入账，不能以"银行存款余额调节表"作为记账依据。

任务实训

1. 2024 年 5 月 31 日，上海美嘉数字科技股份有限公司出纳胡霞根据 5 月的经济业务登记银行存款日记账，5 月银行存款日记账的期初余额为 1 835 693.12 元，与银行存款相关的业务如下：

业务 1：1 日，提取备用金 5 000 元。

业务 2：5 日，交纳管理部门网络费 3 180 元。

业务 3：10 日，委托开户银行签发银行汇票一张，用于采购原材料，金额 200 000 元。

业务 4：15 日，使用本月 10 日申请的银行汇票采购商品，金额 192 100 元，银行当日将多余款项退回。

业务 5：25 日，将前期收到的银行承兑汇票到银行办理贴现（不附追索权）。该汇票出票日期为 2024 年 3 月 25 日，到期日为 2024 年 7 月 25 日，出票金额 125 600 元，年贴现率为 5%。

要求：出纳登记银行存款日记账（见图3-3-17）并结账，无须填写结算方式，无须做每日小计。

图3-3-17　银行存款日记账（3）

2. 上海美嘉数字科技股份有限公司2024年7月末的银行存款日记账余额为1 886 325.69元，银行对账单的余额为1 858 125.69元，经逐笔核对，查明有下列未达账项：

（1）上海中芯科技有限公司通过电汇方式支付货款36 000元，银行已收妥入账，企业未收到银行收账通知，尚未入账。

（2）出纳于月末送存银行一张转账支票，金额30 000元，会计已根据转账支票存根登记入账，银行尚未入账。

（3）本月公司应付上海东方晶圆科技有限公司的银行承兑汇票到期，金额58 200元，对方已通过其开户银行申请委托收款，银行已将款项划付给对方，企业尚未收到银行的付款通知，未减少账目。

（4）月末公司向浙江金鹏电子科技集团公司开出转账支票一张，金额24 000元，用于支付货款，持票人尚未送存银行，银行尚未登记入账。

要求：出纳编制银行存款余额调节表（见图3-3-18）。

图3-3-18　银行存款余额调节表

任务4　编制资金日报表

任务描述

1. 2024年11月21日，上海美嘉数字科技股份有限公司发生如下经济业务：

业务1：向招商银行借入经营借款，金额200 000元，存入公司一般存款账户。

业务2：收到昆山合生光学电子有限公司交来的转账支票一张，用于偿还前欠货款，金额44 070元，存入基本存款账户。

业务3：研发部向山东绘影科技有限公司购买一项专利技术，作为无形资产核算，取得增值税专用发票，价税合计250 000元，出纳开出转账支票，通过基本存款账户支付。

业务4：银行自动收取网银手续费，金额551.20元，通过基本存款账户支付。

业务5：收到销售员马元元交来的付款申请单，要求支付销售部门招待客户的礼品费，金额3 390元，出纳通过基本存款账户网银支付。

业务6：财务部采购办公用品，金额280元，出纳使用现金支付。

业务7：向浙江未来光电仪器有限公司销售计算机辅助设计软件一套，当日开出增值税专用发票，金额54 000元，增值税税额7 020元，当日收到对方以网银方式支付的全部货款，存入基本存款账户。

业务8：收到行政部付款申请单，要求支付本月电费，出纳采用委托收款方式支付公司本月电费，金额1 356元，通过基本存款账户支付。

业务9：财务部向上海环海废旧物资回收有限公司出售一批废旧办公桌，收到现金500元。

要求：出纳胡霞根据上述经济业务，编制上海美嘉数字科技股份有限公司2024年11月21日资金日报表。2024年11月21日各账户上日余额如表3-4-1所示。

表3-4-1　余额表（1）

账户	上日余额
基本存款账户——工商银行上海徐汇区田林路支行	1 256 395.20
一般存款账户——招商银行上海徐汇区东安路支行	500 000.00
外汇账户——工商银行上海徐汇区淮海路支行	398 200.00
库存现金	10 600.50

2. 出纳胡霞根据上海美嘉数字科技股份有限公司2024年12月11—20日经济业务，编制2024年12月11—20日资金变动表。2024年12月11日各账户上期余额如表3-4-2所示。

表3-4-2 余额表（2）

账户	上期余额
基本存款账户	1 698 789.00
一般存款账户	400 000.00
外汇账户	420 300.00
库存现金	11 239.60
其他货币资金——银行汇票	54 000.00
其他货币资金——存出投资款	350 000.00

注：以上业务中除注明一般存款账户、其他货币资金外，其余均默认为基本存款账户。

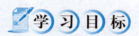

（一）专业能力目标

1. 能够根据经济业务，编制资金日报表。
2. 能够根据经济业务，编制资金变动表。

（二）职业素养目标

1. 培养细心谨慎的职业态度，养成良好的职业规范。
2. 严格遵守财务规范。

（三）通用能力目标

1. 具备自我学习及解决问题的能力。
2. 具备计算机应用能力。
3. 具备良好的交流沟通能力。

 知识准备

（一）编制资金日报表

货币资金收支报表是由财务部门编制，用来反映企业在一定时期现金和银行存款收支分类汇总情况的内部管理报表。及时准确地编制资金收支报表能为管理层经营决策提供依据。

资金日报表是反映现金、银行存款以及其他货币资金等项目在当日的借贷方发生额及余额情况的报表。通过查看资金日报表，可以知道资金收付的金额、方向以及当日的余额，使管理者更好地掌握企业资金信息。资金日报表格式如图3-4-1所示。

资金日报表

编制单位：　　　　　　　　　　年　月　日

项目	序号	开户银行	上日余额 金额	本日收入 金额	本日支出 金额	本日结余 金额	备注
银行存款	1						
	2						
	3						
	4						
	5						
	6						
		银行存款小计					
现金		库存现金					
		借款					
本日资金合计							

收支明细说明

	摘要	部门	收款方式	金额
收入明细				
	小计			

	摘要	部门	付款方式	金额
支出明细				
	小计			

图 3-4-1　资金日报表格式

资金日报表数据来源于现金、银行存款日记账及其他货币资金明细账等。表内分别记录资金项目的收入、支出和结余情况。计算公式为：

本日资金结余 = 上日结余数 + 本日收入合计 - 本日支出合计

其中，本日收入合计等于现金、银行存款及其他货币资金等项目的增加，本日支出合计等于现金、银行存款及其他货币资金等项目的减少。一般企业拥有基本账户、一般账户等多个账户，但是这些账户基本上都不会选择同一家银行，编制资金日报表时一定要细分银行。

提示：

资金日报表的内容由于企业所处的行业不同，企业的管理要求不同，因此其格式也有所不同。

（二）编制资金变动表

1. 资金变动表的编制

资金变动表是反映企业一定时期货币资金的流动、结存等情况的报表。编制资金变动表能够满足管理部门的信息需求。资金变动表格式如图3-4-2所示。

编制单位：					年 月 日 —— 年 月 日				金额单位：元
项目	银行存款			现金		其他货币资金			合计
	账户	账户	账户		银行本票	银行汇票	存出投资款		
上期账面余额									
本期增加金额									
其中：营业收入									
融资收入									
账款收回									
投资收回									
其他收入									
本期减少金额									
其中：营业支出									
归还借款									
归还账款									
投资支出									
内部借款									
其他支出									
本期账面余额									
加：未记账增加									
减：未记账减少									
本期实际余额									
备注：									

图3-4-2 资金变动表格式

资金变动表可以根据需要按日编制，也可以按月、季度编制。报表项目应按照"期初余额+本期收入－本期支出＝期末余额"计算公式确定，并按顺序排列。资金变动表应由出纳定期编制，会计进行复核，并由会计主管或会计机构负责人审批。

营业收入是指与企业日常经营活动相关的资金收入，包括销售商品收入、销售材料收入、收到的税收返还等；融资收入是指与企业筹资活动相关的资金收入，包括取得银行借款、吸收投资收到的资金和其他与筹资活动有关的资金；账款收回是指以各种方式收回的应收账款；投资收回是指与企业投资活动相关的资金收入，包括收回投资收到的资金，取得投资收益收到的资金，处置固定资产、无形资产和其他长期资产收回的资金净额等；其他收入是指除了上述各项收入以外的其他企业资金收入。

营业支出是指与企业日常经营活动相关的资金支出，包括购买商品、接受劳务支付的资金，支付给职工以及为职工支付的资金，支付的各项税费和支付其他与经营活动有关的资金；归还借款是指归还的借款本金和利息；归还账款是指归还的应付账款，与经营活动相关；投资支出是指与企业投资活动相关的资金支出，包括购建固定资产、无形资产和其他长期资产所支付的资金、投资支付的资金等；内部借款是指企业各机构之间的内部借款，包括备用金借款、差旅费借款等；其他支出是指除了上述各项支出以外的其他企业资金支出。

2. 货币资金分析

货币资金分析是指从货币资金结存量和货币资金周转率两个方面进行分析，借以评价企业货币资金的支付能力和使用效率。

货币资金分析包括对库存现金、在途现金和银行存款等的分析。

（1）对库存现金的分析，首先检查其账款是否相符，如有不符，要查明原因，分清并追究责任；其次检查库存规定限额的遵守情况；最后检查现金收支是否符合现金管理规定。

（2）对在途现金的分析，要联系销货款回笼等有关因素，研究分析期在途现金同基期相比的差异，从而判断其变化的合理性。

（3）对银行存款的分析主要通过银行存款占用率、活期比率等指标，研究银行存款对业务经营、财务成果和企业支付能力的影响。

3. 加强闲置资金的有效利用

企业闲置资金主要是指企业暂未使用的流动资金，大多数企业将其以活期存款的形式存放在银行。因此，要加强对闲置资金的有效利用，实现资金效益最大化。

（1）扩展业务。

当企业的闲置资金比较充裕时，可以将闲置资金用于扩展业务。企业扩展业务的途径有两条：一是扩展现有业务，将现有业务做大做强；二是开展新的业务，这样能够增加企业的收入途径，多元化的经营战略也有利于企业做大做强。但也要注意扩张的范围，不能过于激进。

（2）投资理财。

企业闲置资金也可以根据企业自身承受的风险能力来选择低、中、高不同风险的投资产品，低风险产品包括投资国债、银行理财产品、货币基金等，中风险产品包括债券型基金等，高风险产品包括混合型基金、股票型基金和股票等。

①通知存款。

与活期存款相对的是定期存款，但由于定期存款一般期限比较长，流动性较差，大部分企业不会采用这种方式。通知存款是不固定期限，但存款人必须预先通知银行方能提取的存款，其兼顾活期存款和定期存款二者优点，被很多企业采用。比如7天通知存款，企业在用款前7天向银行发起支取申请，7天后企业可以使用该笔存款，利率比活期高很多。

②委托代理理财。

委托理财是受托人接受委托人委托，运用自己的智慧、经验、知识和信息等各种专业优势，通过各种市场、工具及方法对委托人资产进行有效管理和运作，在严格遵守客户委托意愿的前提下，在尽可能确保客户资产安全的基础上，实现资产保值增值的一项业务。在企业的闲置资金存在时间较长时，可以选择专业的理财机构代为理财，这种理财方式将企业的资金优势集中发挥出来，而且操作人员都是专业人员，运用专业的研究方法进行操作，企业不用花费太多精力就可以轻松获得回报。

③投资股票市场等流动性较好的金融场所。

股票的收益方式通常是股价的上升或者是通过低买高卖赚取差价。投资股票的收益率很高，但风险也很高，投资股票会面临股价下跌的风险。

任务实施

（一）资金日报表编制流程

出纳根据当天发生的资金业务，编制资金日报表。

步骤一：查看各资金项目上日余额表（见表3-4-3），根据余额表填写上日余额列，包括银行存款各账户上日余额和库存现金上日余额，按照开户银行不同，分行填写银行存款上日余额。

表3-4-3 余额表（3）

账户	上日余额
基本存款账户——工商银行上海徐汇区田林路支行	1 256 395.20
一般存款账户——招商银行上海徐汇区东安路支行	500 000.00
外汇账户——工商银行上海徐汇区淮海路支行	398 200.00
库存现金	10 600.50

步骤二：根据经济业务填写本日收入、本日支出、收入明细、支出明细项目。

业务1：通过一般存款账户借入借款200 000元，应填写在招商银行"本日收入"栏目下，同时在收入明细第一行填写摘要"取得借款"，部门"财务部"，收款方式"网银"，金额"200 000"。

业务2：通过基本存款账户收到欠款44 070元，应填写在工商银行田林路支行"本日收入"栏目下，同时在收入明细第二行填写摘要"收到欠款"，部门"财务部"，收款方式"转账支票"，金额"44 070"。

业务3：通过基本存款账户购买专利技术250 000元，应填写在工商银行田林路支行"本日支出"栏目下，同时在支出明细第一行填写摘要"购买专利技术"，部门"研发部"，付款方式"转账支票"，金额"250 000"。

业务4：通过基本存款账户支付网银手续费551.20元，支出金额应与业务3相加填写在工商银行田林路支行"本日支出"栏目下，同时在支出明细第二行填写摘要"支付网银手续费"，部门"财务部"，付款方式"网银"，金额"551.20"。

业务5：通过基本存款账户支付业务招待费3 390元，支出金额与业务3、业务4相加填写在工商银行田林路支行"本日支出"栏目下，同时在支出明细第三行填写摘要"业务招待费"，部门"销售部"，付款方式"网银"，金额"3 390"。

业务6：财务部使用现金购买办公用品280元，应填写在库存现金"本日支出"栏目下，同时在支出明细第四行填写摘要"采购办公用品"，部门"财务部"，付款方式"现金"，金额"280"。

业务7：通过基本存款账户收到销售货款61 020元，收入金额与业务2相加填写在工商银行田林路支行"本日收入"栏目下，同时在收入明细第三行填写摘要"销售商品"，部门"销售部"，收款方式"网银"，金额"61 020"。

业务8：通过基本存款账户支付本月电费1 356元，支出金额与业务3、业务4、业务5相加填写在工商银行田林路支行"本日支出"栏目下，同时在支出明细第五行填写摘要"支付电费"，部门"行政部"，付款方式"委托收款"，金额"1 356"。

业务9：出售废品收到现金500元，应填写在库存现金"本日收入"栏目下，同时在收入明细第四行填写摘要"废品收入"，部门"财务部"，收款方式"现金"，金额"500"。

综上，当日基本存款账户收入＝业务2＋业务7收入金额＝105 090元；

当日基本存款账户支出＝业务3＋业务4＋业务5＋业务8支出金额＝255 297.20元；

当日一般存款账户收入金额＝业务1收入金额＝200 000元；

当日库存现金收入金额＝业务9收入金额＝500元；

当日库存现金支出金额＝业务6支出金额＝280元；

根据计算公式"本日资金结余＝上日结余数＋本日收入合计－本日支出合计"，计算各资金项目本日结余金额，登记资金日报表，登记完成如图3-4-3所示。

资金日报表

编制单位：上海美嘉数字科技股份有限公司　　2024 年 11 月 21 日

项目		序号	开户银行	上日余额 金额	本日收入 金额	本日支出 金额	本日结余 金额	备注
银行存款		1	工商银行上海徐汇区田林路支行	1,256,395.20	105,090.00	255,297.20	1,106,188.00	
		2	招商银行上海徐汇区东安路支行	500,000.00	200,000.00		700,000.00	
		3	工商银行上海徐汇区淮海路支行	398,200.00			398,200.00	
		4						
		5						
		6						
			银行存款小计	2,154,595.20	305,090.00	255,297.20	2,204,388.00	
现金			库存现金	10,600.50	500.00	280.00	10,820.50	
			借款					
			本日资金合计	2,165,195.70	305,590.00	255,577.20	2,215,208.50	

收支明细说明

	摘要	部门	收款方式	金额
收入明细	取得借款	财务部	网银	200,000.00
	收到欠款	财务部	转账支票	44,070.00
	销售商品	销售部	网银	61,020.00
	废品收入	财务部	现金	500.00
	小计			305,590.00

	摘要	部门	付款方式	金额
支出明细	购买专利技术	研发部	转账支票	250,000.00
	支付网银手续费	财务部	网银	551.20
	业务招待费	销售部	网银	3,390.00
	采购办公用品	财务部	现金	280.00
	支付电费	行政部	委托收款	1,356.00
	小计			255,577.20

图3-4-3　资金日报表

（二）资金变动表编制流程

出纳根据 2024 年 12 月 11—20 日发生的经济业务，编制资金变动表。

步骤一：查看各资金项目上期余额表，根据各资金项目上期余额表填写"上期账面余额"行，根据经济业务内容，分别填写收入和支出明细，明细如表 3-4-4 所示。

表 3-4-4　余额表（4）

账户	上期余额
基本存款账户	1 698 789.00
一般存款账户	400 000.00
外汇账户	420 300.00
库存现金	11 239.60
其他货币资金——银行汇票	54 000.00
其他货币资金——存出投资款	350 000.00

注：以上业务中除注明一般存款账户、其他货币资金外，其余均默认为基本存款账户。

（1）营业收入：业务 5，销售商品，属于公司经营活动，计入公司营业收入，金额 183 060 元，通过其他货币资金——银行本票存款；业务 12，销售商品，属于公司经营活动，计入公司营业收入，金额 214 700 元，通过基本存款账户；业务 19，销售商品，属于公司经营活动，计入公司营业收入，金额 61 020 元，通过基本存款账户。

（2）融资收入：业务 8，向银行借入短期借款，属于公司筹资活动，计入融资收入，金额 500 000 元，通过一般存款账户。

（3）账款收回：业务 1，收到欠款，属于公司经营活动，计入账款收回，金额 36 000 元，通过基本存款账户。

（4）投资收回：业务 13，出售固定资产，属于公司投资活动，计入投资收回，金额 890 元，现金收讫；业务 15，收到宣告发放的现金股利，属于公司投资活动，计入投资收回，金额 10 800 元，通过其他货币资金——存出投资款。

（5）其他收入：业务 17，收到政府补助，属于公司经营活动，计入其他收入，金额 200 000 元，通过基本存款账户。

（6）营业支出：业务 2，缴纳税费，属于公司经营活动，计入营业支出，金额 20 998 元，通过基本存款账户；业务 3，报销员工差旅费，属于公司经营活动，计入营业支出，金额 2 050 元，通过基本存款账户；业务 14，采购办公用品，属于公司经营活动，计入营业支出，金额 452 元，现金付讫；业务 18，采购库存商品，属于公司经营活动，计入营业支出，金额 90 400 元，通过基本存款账户；业务 20，支付公积金，属于公司经营活动，计入营业支出，金额 66 800 元，通过基本存款账户。

（7）归还借款：业务 16，偿还长期借款利息，属于公司筹资活动，计入归还借款，金额 3 100 元，通过一般存款账户。

（8）归还账款：业务 7，将银行汇票用于支付欠款，属于公司经营活动，计入归还账款，金额 54 000 元，通过其他货币资金——银行汇票存款；业务 11，开出转账支票偿还欠款，属于公司经营活动，计入归还账款，金额 31 640 元，通过基本存款账户。

（9）投资支出：业务4，采购电脑，属于公司投资活动，计入投资支出，金额50 850元，通过基本存款账户；业务9，购买股票，属于公司投资活动，计入投资支出，金额80 400元，通过其他货币资金——存出投资款。

（10）内部借款：业务10，员工预借差旅费，属于公司经营活动，计入内部借款，金额3 000元，现金付讫。

（11）其他支出：业务6，支付违约金，属于公司经营活动，计入其他支出，金额20 000元，通过基本存款账户。

注意区分各收入、支出项目通过的资金项目，将项目资金项目的金额相加，填写资金变动表。

步骤二：将各项收入明细相加，填写"本期增加金额"行，将各项支出明细相加，填写"本期减少金额"行，根据公式"期初余额＋本期收入－本期支出＝期末余额"，填写本期账面余额及本期实际余额，填写完成如图3-4-4所示。

资金变动表

编制单位：上海美嘉数字科技股份有限公司　2024年12月11日——2024年12月20日　　金额单位：元

项目	银行存款			现金	其他货币资金			合计
	基本存款账户	一般存款账户	外汇账户		银行本票	银行汇票	存出投资款	
上期账面余额	1,698,789.00	400,000.00	420,300.00	11,239.60		54,000.00	350,000.00	2,934,328.60
本期增加金额	511,720.00	500,000.00		890.00	183,060.00		10,800.00	1,206,470.00
其中：营业收入	275,720.00				183,060.00			458,780.00
融资收入		500,000.00						500,000.00
账款收回	36,000.00							36,000.00
投资收回				890.00			10,800.00	11,690.00
其他收入	200,000.00							200,000.00
本期减少金额	282,728.00	3,100.00		3,452.00	0.00	54,000.00	80,400.00	423,680.00
其中：营业支出	180,238.00			452.00				180,690.00
归还借款		3,100.00						3,100.00
归还账款	31,640.00					54,000.00		85,640.00
投资支出	50,850.00						80,400.00	131,250.00
内部借款				3,000.00				3,000.00
其他支出	20,000.00							20,000.00
本期账面余额	1,927,781.00	896,900.00	420,300.00	8,677.60	183,060.00	0.00	280,400.00	3,717,118.60
加：未记账增加								0.00
减：未记账减少								0.00
本期实际余额	1,927,781.00	896,900.00	420,300.00	8,677.60	183,060.00	0.00	280,400.00	3,717,118.60
备注：								

图3-4-4　资金变动表（1）

任务实训

1. 2024年10月12日，上海美嘉数字科技股份有限公司发生如下经济业务：

业务1：通过网银方式缴纳增值税，金额53 600元，通过基本存款账户支付。

业务2：通过网银方式发放上月工资，金额204 560元，通过基本存款账户支付。

业务3：研发部向上海中芯科技有限公司提供软件维修服务，当日开出增值税专用发票，金额3 180元，收到对方转账支票一张，存入基本存款账户。

业务4：行政部员工陈欣报销公司聚餐餐费，金额2 800元，出纳通过网银从基本存款账户支付。

学习笔记

业务5：3个月前向招商银行借入的经营借款到期，通过一般存款账户偿还本金200 000元。

业务6：收到销售部员工王春交来的罚款500元，系不遵守公司安全规定罚款，出纳现金收讫。

2024年10月12日各账户上日余额如表3－4－5所示。

要求：出纳胡霞根据上述经济业务，编制上海美嘉数字科技股份有限公司2024年10月12日资金日报表（见图3－4－5）。

表3－4－5 余额表（5）

账户	上日余额
基本存款账户——工商银行上海徐汇区田林路支行	1 118 395. 80
一般存款账户——招商银行上海徐汇区东安路支行	600 000. 00
外汇账户——工商银行上海徐汇区淮海路支行	408 130. 00
库存现金	12 500. 10

资金日报表

编制单位： 年 月 日

项目	序号	开户银行	上日余额	本日收入	本日支出	本日结余	备注
			金额	金额	金额	金额	
银行存款	1						
	2						
	3						
	4						
	5						
	6						
	银行存款小计						
现金	库存现金						
	借　款						
本日资金合计							

收支明细说明

	摘要	部门	收款方式	金额
收入明细				
	小计			

	摘要	部门	付款方式	金额
支出明细				
	小计			

图3－4－5 资金日报表

出纳业务核算

> **学习笔记**

2. 出纳胡霞根据上述经济业务,编制上海美嘉数字科技股份有限公司 2024 年 11 月 1—10 日资金变动表。2024 年 12 月 1 日各资金账户上期余额如表 3-4-6 所示。资金变动表如图 3-4-6 所示。

表 3-4-6 余额表（6）

账户	上期余额
基本存款账户	1 828 771.00
一般存款账户	300 000.00
外汇账户	360 126.00
库存现金	9 262.20
其他货币资金——存出投资款	50 000.00

资金变动表

编制单位：　　　　　　　年　月　日——　年　月　日　　　　　　　金额单位：元

项目	银行存款			现金	其他货币资金			合计
	账户	账户	账户		银行本票	银行汇票	存出投资款	
上期账面余额								
本期增加金额								
其中：营业收入								
融资收入								
账款收回								
投资收回								
其他收入								
本期减少金额								
其中：营业支出								
归还借款								
归还账款								
投资支出								
内部借款								
其他支出								
本期账面余额								
加：未记账增加								
减：未记账减少								
本期实际余额								
备注：								

图 3-4-6 资金变动表（2）

❀ 项目评价

请根据下表中的内容对本项目的学习情况进行打分。

姓名：				学号：			
班级：				日期：			
考核项目	序号	步骤	配分	评分标准	自评	组评	师评
素养 （30分）	纪律情况 （10分）	不迟到、早退	3	违反一次不得分			
		积极思考回答问题	5	根据上课统计情况得 1~5 分			

续表

姓名：				学号：				
班级：				日期：				
考核项目	序号	步骤	配分	评分标准	自评	组评	师评
素养（30分）	纪律情况（10分）	"三有一无"（有本、笔、书，无手机）	2	不符合要求不得分			
		执行教师指令	0	此为否定项，违规扣10～100分，违反校规按校规处理			
	职业道德（10分）	能与他人合作	6	不符合要求不得分			
		追求完美	4	对学习精益求精且效果明显			
	5S（5分）	座位整洁干净	2	使用的座位整洁无杂物，得2分；不合格不得分			
		学习设备使用	2	整洁规范得2分，不合格不得分			
		服装整洁、不佩戴饰物	1	全部合格得1分			
	综合能力（5分）	阅读理解能力	2	能正确描述任务名称及要求得2分；表达不完整不得分			
		创新能力（加分项）	3	能在新渠道正确查阅资料，优化基本检查顺序等，视情况得1～3分			
知识掌握情况（40分）	理论学习及实训操作	理论学习	20	不认真学习，违反课堂纪律等扣5～15分			
		实训操作	20	实训操作中不动手或乱动手，违反实训要求纪律等扣5～15分			
工作页完成情况（30分）	按时完成工作页	及时提交	10	及时完成并提交工作页得10分			
		内容完整度	10	内容不完整，扣1～5分			
		回答准确率	5	回答不准确，扣1～5分			
		独立完成	5	不能独立完成不得分			
总分							
教师评价签字：				组长签字：				

参 考 文 献

1. 何晓瑞. LM 重工公司：搭建阿米巴模式下的财务成本核算体系［J］. 新理财-公司理财，2021（4）：38-40.
2. 杨琴. 融资性担保公司准备金会计核算探析［J］. 财会通讯：综合版，2021（9）：115-118.
3. 黄昌兵，黄梨，基于"偿二代"和 IFRS 17 会计核算视域下的中小寿险公司内审项目统筹研究［J］. 当代金融研究，2021，4（23）：115-122.
4. 华洁. 新型学徒制培养模式研究：以会计专业为例［J］. 西部素质教育，2022，8（16）：170-172.